本专著为教育部人文社会科学研究西部和边疆项目（批准号：11XJA630002）、重庆市高等教育学会2013-2014年高等教育科学研究课题（项目编号：CQGJ13B321）和重庆市高等学校"特色专业、特色学科、特色学校"项目建设计划中市场营销特色专业、工商管理特色学科建设部分成果。

服务忠诚形成机制

—— 基于三类服务的研究

FUWU ZHONGCHENG XINGCHENG JIZHI

—— JIYU SANLEI FUWU DE YANJIU

谢春昌◎著

西南财经大学出版社
Southwestern University of Finance & Economics Press

图书在版编目(CIP)数据

服务忠诚形成机制——基于三类服务的研究/ 谢春昌著. —成
都:西南财经大学出版社,2015. 8
ISBN 978 - 7 - 5504 - 1889 - 9

I. ①服… II. ①谢… III. ①服务营销—研究 IV. ①F713. 50

中国版本图书馆 CIP 数据核字(2015)第 089106 号

服务忠诚形成机制——基于三类服务的研究

谢春昌 著

责任编辑:林 伶
封面设计:张姗姗
责任印制:封俊川

出版发行	西南财经大学出版社(四川省成都市光华村街55号)
网 址	http://www.bookcj.com
电子邮件	bookcj@foxmail.com
邮政编码	610074
电 话	028 - 87353785 87352368
照 排	四川胜翔数码印务设计有限公司
印 刷	四川五洲彩印有限责任公司
成品尺寸	148mm×210mm
印 张	6. 25
字 数	155 千字
版 次	2015 年 8 月第 1 版
印 次	2015 年 8 月第 1 次印刷
书 号	ISBN 978 - 7 - 5504 - 1889 - 9
定 价	42. 00 元

序

　　随着社会经济的发展，服务业在整个国民经济中所起的作用越来越重要，服务业所创造的价值在国民生产总值中所占的比重越来越大，中国的服务经济时代已经到来。探索服务经济的发展规律成为学术界的重要目标之一。服务企业是服务经济是基本单元，其生存与发展状况将直接影响整体服务经济的发展层次与速度，而其生存与发展又与其能否在竞争激烈的市场环境中，以有限的资源合理地满足市场需求，获得顾客忠诚密切相关。许多学者的研究表明，服务忠诚是决定服务企业生存和发展的关键因素。也正因为如此，服务忠诚成为服务营销理论界的一个重要研究热点。

　　然而，尽管服务忠诚引起了人们的重视，研究者众多，但研究的结论却常常存在很大的差异，甚至相互矛盾。这大大削弱了这些研究成果的实践指导价值，甚至可能会导致服务实务操作上的混乱。由于服务领域涉及面极广，目前的服务忠诚文献大多是就某个服务行业中的服务企业的顾客忠诚所展开的研究，这种研究结论容易导致普适性上的欠缺，各种研究结论因其所采用的研究视角和研究行业的数据不同，也容易引起研究结论上的差异和冲突。为克服现有研究的局限性，本书尝试从服务类别的角度对不同服务类型的服务忠诚进行研究。西方服务理论界根据服务供需双方之间的信息不对称理论所做的服务分类，即把服务分成搜寻式、体验式和信任式服务，在西方服务营销领域得到了广泛的认同。这种服务分类具有较明显的合理性和现实性，成为本书采用的服务分类。同时，目前的服务忠诚研究大多认为服务质量、顾客感知价值、顾客满意和信任是服务忠诚的较为基本的前置因素，而这些因素的外在影响要素的选择上则纷繁复杂。这些众多的不同的要素的选择降低了研究结果的实践可操作性。为克服这一缺点，本书从服务的过程性这一基本特点出发，从服务的互动、环境和结果的视角探索其对服务忠诚及其基本前置因素的影响，实现研究的简化，提高研究结论的可操作性。

　　本书的研究在丰富服务忠诚理论的同时，将有利于服务实务界有的放矢地根据不同服务类型的顾客忠诚形成机制开展相应的服务忠诚培养策略，以较低的成本实现较高的顾客保留率。

谢春昌

2014 年 12 月

目　录

第一章　绪论

　　本章对本研究的现实背景和理论背景作了简要阐述之后，提出了本研究的主题及可能的创新点，并对本研究的主要内容和研究的框架作了简要介绍。

第一节　研究背景

　　服务忠诚无论是在服务营销理论界还是在服务营销实践领域都得到人们的广泛重视。服务营销理论中存在大量的服务忠诚研究文献，但是这些研究文献大多只是依据传统的按服务行业的分类方法对某些细小的服务行业的服务忠诚所展开的研究，结论的普适性受到限制，并出现了许多的矛盾和冲突。这些研究结论的矛盾与冲突严重制约了其对服务忠诚培养实践的指导价值。服务营销实务界开展了各种各样的顾客忠诚项目，以图通过这些措施实现培养忠诚顾客的目的。但在激烈的市场竞争条件下，实务界对自身所处的服务类型及其忠诚形成机制的了解存在欠缺并由此影响了其服务忠诚项目等的设计、开展，对服务忠诚项目的绩效带来了负面的影响。在这种情况下，如何从理论上解决现有服务忠诚理论结论上的矛盾和冲突问题，更好地为服务营销实践服务就成为了一种理论和实践上都必须加以重视和解决的问题。

在现有的服务忠诚文献中，人们大多比较重视影响服务忠诚的因素问题。在具体的服务忠诚影响因素的选择上，已有的研究主要从服务的一些具体因素着手展开研究，这些研究虽然为人们认识这些因素在服务忠诚形成过程中的作用起到了重要的作用，但这些研究因不同研究者所侧重的因素的差异而导致所选择的变量显得相当繁杂，降低了其可操作性，不利于服务营销实务界的服务忠诚培养实践。

服务的过程特性提示人们，服务是一种活动过程，服务过程总是涉及服务的互动，通过服务互动传递服务利益，服务总是在一定的空间环境中展开的，服务的结果是满足人们需求的重要内容。因此，从过程的视角对服务互动、服务环境和服务结果展开研究是必要的，也符合服务的基本特性的要求。西方服务营销理论界根据服务供需双方的信任不对称现象所提出的服务分类，即把服务分为搜寻式、体验式和信任式服务的视角为人们从服务的更为本质特征的角度去研究服务，特别是服务忠诚的形成机制，避免研究结论过分局限于细小的服务行业，从而提高其普适性提供了条件。在此基础上所展开的研究也为揭开已有研究结论中存在的众多矛盾之谜提供可能性。

一、理论背景

顾客的忠诚是保障企业生存和发展的最基本的条件之一。许多研究都表明，培养顾客忠诚能增加企业的产品销售量和市场份额，降低企业经营成本，使企业获得更高的价格利益（Zeithaml，Berry，Parasuraman，1996）。因此，顾客忠诚一直是企业界和理论界所共同关注的热点（Oliver，1999；Reichheld，2001），顾客忠诚在顾客关系管理中也处于核心的地位（Rust，Zeithaml，Lemon，2002）。同时，它也是人们广泛推行顾客忠诚项目的依据（Van Heerde，Bijmolt，2005；Yuping，Yang，2009）。也正因为顾客忠诚对企业来说如此重要，在服务领域与顾客忠诚同义的服务忠诚（陆娟，2005）也一直是服务理论的热点问题（罗海成，2005）。对于许多服务企业的管理者而言，培育服务忠诚是个亟待解决的关键性问题（Chikin，Tse，Chan，2008）。

对于顾客忠诚研究，理论界主要存在三大学派：一是以行为主义心理学为基础的行为学派。该学派认为，顾客忠诚就是顾客的可以观察的重复购买行为（Tucker，1964）。二是以认知心理学为基础的态度学派。该学派认为，顾客的外显行为是受其内部心理的影响和控制的，强调了顾客心理这一内部因素的作用（Dick，Basu，1994；Jacoby，Kyner，1973）。三是综合了行为观和态度观的综合学派。该学派认为行为和态度是一个硬币的两面，顾客忠诚应包括行为和态度两个部分。

理论界对服务领域的顾客忠诚的机理的研究主要集中在顾客感知质量、顾客价值、顾客满意以及关系营销被人们重视之后，其中的信任、承诺等因素在对顾客忠诚形成的作用和影响上。尽管服务忠诚的研究者众多，但服务忠诚却依然难以捉摸与预测（Agustin，Singh，2005），服务忠诚的研究结论往往差异很大，甚至相互矛盾（Spiteri，Dion，2004）。导致这种差异甚至矛盾的重要原因之一在于，学者们都是从各自的研究领域，从不同的角度对服务忠诚进行的研究，并没有区分服务的类别差异。同时，现有的服务忠诚研究都是以消费者的有形价值判断为基础的，研究者在研究中都事先有意无意地假定了消费者拥有服务质量、感知价值（包括关系价值）等的判断线索，即消费者拥有且能够进行服务的质量和价值判断的外在依据和能力。实际的情况却并非如此。由于服务的多样性，在很多服务，特别是信任性服务中，消费者并非拥有这些判断的依据或能力。

这就对当前的服务忠诚理论提出了挑战：现有的研究结论只适用于消费者具有质量和价值判断依据或者能力的搜寻式和经验式服务，而不适用于消费者缺乏这些直接判断依据或能力的信任式服务。从有形到无形的不同类型的服务之间存在巨大差异，只有对这些差异具有清醒的认识，并在此基础上对不同类别的服务进行有针对的研究，才可能得出适合于该类别的服务的顾客忠诚的研究结论。

二、现实背景

服务业的迅猛发展极大地促进了社会经济的发展。而随着市场竞争的日趋激烈，获得忠诚的顾客成为决定服务企业生存和发展的关键性决定因素。为培养忠诚的顾客，服务实务界采取了许多措施。其中，服务企业的顾客忠诚项目的设计和实施是最为常见的服务忠诚培养举措。然而，目前的服务忠诚理论纷繁复杂，不同的研究所提供的结论之间往往差异明显，采用的服务忠诚影响变量多而杂乱，这些都使得服务实务界无所适从。在这种情况下，许多服务企业往往只根据目前比较普遍接受的一些基本观点展开服务忠诚培养实践。这导致许多服务企业的服务忠诚项目之间都大同小异，往往并没有根据企业本身所处的服务类型进行差异化的服务忠诚项目设计，相互模仿成为常见的做法。这种缺乏针对性和个性的忠诚项目的实际效果是有限的，对消费者并无太大的吸引力，却增加了企业的服务成本支出。因此，服务营销实务界迫切需要了解不同服务类型的服务忠诚形成机制，获得具有比较高的操作性的服务忠诚理论作支持，以设计适合于各服务企业特点的具有可操作性的服务忠诚计划，提高服务忠诚培养绩效。

第二节 研究主题、意义和创新点

一、研究主题

基于目前的理论和现实背景，确定本研究的主题：从服务的互动、环境和结果的角度探索搜寻式、体验式和信任式三大类服务的服务忠诚形成机制。该主题可以划分为以下几个具体的研究目标：

界定服务互动、环境和服务结果的概念，阐明搜寻式、体验式和信任式服务的内涵。这些基本概念的界定和内涵的明确将有利于确保研究的科学性，为构建三类服务的服务忠诚形成机制模型提供了基本的前提。

以顾客感知为基础，构建搜寻式、体验式和信任式服务的服务互动、环境和结果对顾客忠诚的影响模型。

实证检验所构建的搜寻式、体验式和信任式三类服务的顾客忠诚模型，主要包括服务互动、环境和结果对服务忠诚前置因素的影响关系；三类服务中的服务忠诚前置因素与服务忠诚的作用关系。

二、研究意义

（一）理论意义

服务忠诚是服务营销理论研究的重要领域，学术界对服务忠诚进行了比较深入的探讨。但是，尽管研究者众多，涉及服务行业面很广，得出的研究结论的普适度却不高。可能的原因是，学者们虽然也希望通过自己的研究发掘出服务忠诚形成机制的真谛，但由于服务本身是个复杂的领域，不同服务之间的差异很大，很难以一种模型来说明所有服务的顾客忠诚形成机制，因此，学者们的研究结论出现了许多矛盾的地方，一定程度上负面影响了研究结论的理论意义。

本研究针对目前已有研究文献的不足，从西方服务营销理论中得到广泛认同的服务提供者与顾客之间的信息不对称理论角度进行的三种服务类别，即搜寻式、体验式和信任式服务的角度展开服务忠诚的研究，探讨服务的互动、服务环境和服务结果对顾客忠诚及其前置因素的影响。这种思路既克服了按行业对服务进行划分所导致的服务分类上没有比较好地体现服务的特性的缺陷，也克服了选择服务忠诚及其前置因素的自变量时过于零散的问题，直接采用服务所普遍具有的互动、环境和结果来测度服务忠诚的形成机制，使研究结论更具服务类别的针对性的同时，又提高了研究结论的普适程度，丰富了服务忠诚理论。

（二）实践意义

按照服务的互动、环境和结果，针对搜寻式、体验式和信任式服务的特点进行服务忠诚形成机制研究将为服务忠诚实践提供重要的实践指导，使服务忠诚培养实践更具有针对性。

首先，本研究的结论将有利于服务企业比较清晰地认识到不同服务类型之间的服务忠诚形成机制上的明显差异，从而避免在设计服务忠诚计划时出现盲目照搬并不相同服务类型的服务忠诚的培养方法。

其次，本研究从服务的互动、环境和结果这三个服务活动中必然要涉及的因素着手，分析服务营销组合的各因素在这三方面中的表现，简化了服务忠诚形成机制模型，又提高了研究结论在各服务类型中的适合性，有利于提高服务营销实务界对研究结论的运用绩效。

三、创新点

本研究的创新点主要表现为以下几个方面：

第一，针对搜寻式、体验式和信任式服务展开对服务忠诚形成机制的系统研究，比较了三类服务的顾客忠诚形成机制上的差异。

第二，从服务的过程观出发，探索服务的互动、环境和结果在服务忠诚形成中的作用，提高了研究结论在各类服务中的普适程度。

第三，提出了顾客对信任式服务的结果的评价主要是基于信任而非其自我感知的观点，并加以实证检验。

第三节 研究框架

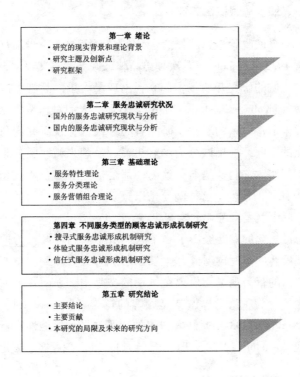

第二章　服务忠诚研究状况

第一节　国外研究现状及分析

一、服务忠诚概念研究

服务忠诚脱胎于忠诚概念，是忠诚概念的进一步细化和发展。自 1923 年 Copeland 首次提出品牌忠诚概念定义以来，人们对品牌忠诚的研究开始多了起来，出现了大量的品牌忠诚概念的定义（Jacoby，Chestnut，1978）。然而，人们对忠诚概念的定义却并未取得一致的看法。研究者大多根据各自研究的角度和侧重点的不同，把忠诚分为顾客忠诚、品牌忠诚、服务忠诚等概念。其实，它们是基本一致的，都是指顾客对企业或企业产品（服务）的偏爱。这种偏爱是以顾客的行为来表现的。服务忠诚实际上就是服务业的顾客忠诚。

忠诚概念的发展经历了一个人们对忠诚的强调行为的观点到强调顾客的态度再到行为与态度的结合的过程。

忠诚的行为观主要出现在早期的文献中，强调顾客的可观察测量的行为，认为忠诚就是顾客的行为（Tucker，1964；Guadgni，Little，1983），是顾客作出的购买选择的可能性在行为中的表现（Kuehn，1962）。Tucker（1964）甚至把顾客忠诚定义为对某一品牌的连续三次的购买行为。Raj（1985）则认为，忠诚可用顾客购买某一品牌的次数在其总购买次数中所占的比例来加以衡量，比例高即忠诚度高，比例低则忠诚度低。显然，顾客忠诚的行为观受到了行为心理学思想的影响，强调个体的可观察的行为，并将这种外显的重购行为作为定义忠诚的依据，甚至认为重购行为就是忠诚。

这种只强调顾客的外显的易观察的行为的忠诚定义遭到了许多学者的质疑（Day，1969；Bass，1974；Dick，Basu，1994）。他们认为忠诚的行为观缺乏概念基础（Day，1969）。因为顾客在作出购买行为决策时，会受到各种随机因素的影响（Bass，1974），故而对忠诚从可测量的行为来定义，忽视了其中的内在驱动因素，显然是有缺陷的。Jacoby 和 Chestnut（1978）对忠诚进行了心理学意义的研究，以区分它与行为的不同，并得出结论认为，不作进一步的分析，就把持续的购买行为等同于忠诚是不明智的。顾客的持续重复购买可以是其他原因导致的（如偶然性、方便性等）。Guest（1994）认为，品牌忠诚就是"一段时间内不变的偏好"。Jacoby（1971）也认为，忠诚就是一种偏好。Jones 和 Sasser（1995）指出，顾客忠诚就是"一种归属感""一种情感"。对于服务忠诚，Czepiel 和 Gilmore（1987）认为，服务忠诚就是顾客经历的对于保持与某服务企业的关系的积极态度。显然，忠诚的态度观是以认知心理学为背景的。

许多学者同时也认识到，仅从态度的角度来探讨忠诚也是有缺陷的。因为，这种观点认为，顾客对某种品牌的积极态度的形成源于该品牌的产品或服务给顾客带来的满意感，满意的顾客将保留，而不满意的顾客将作出转换行为（O'Malley，1988）。但是，满意与忠诚之间并不存在线性的关系（Oliva，Oliver，MacMillan，1992）。显然，态度与忠诚的关系更像是满意与忠诚的关系，它只是忠诚的必要条件而非充分的条件。

Zeithaml，Berry 和 Parasuraman （1996）认为，品牌忠诚是顾客力图与目标品牌保持关系的愿望。这些愿望通过顾客的行为得以表现，包括对忠诚品牌的更高的购买支出比例，良好的口碑相传以及重复购买等。Day（1969）认为，认真考虑品牌态度是很有必要的，这样才能把真正的品牌忠诚与虚假的品牌忠诚区分开。Dick 和 Basu （1994）认为，顾客忠诚是涉及对企业的积极的认知态度和重复购买的一种长期的承诺。Baldinger 和 Rubinson （1996）认为，与对某特定品牌具有行为忠诚的顾客相比，其他无行为忠诚表现的品牌，也应具有对它的较积极的态度。Oliver （1999）把忠诚定义为顾客所持有的在未来持续重购或再光顾所偏好的产品或服务高度承诺，从而引起对同一品牌或同一系列品牌的重复购买，而不顾情境的影响，以及对顾客的转换行为有潜在影响的营销努力。他根据认知、情感、意志（意向）和行为四个阶段，把忠诚分为认知忠诚、情感忠诚、意志忠诚和行为忠诚。处于认知忠诚阶段的顾客忠诚是指顾客愿意购买某种品牌的产品，但只是出于对该品牌的信任，它源于顾客的经验，直接或间接经验，是一种程度较浅的忠诚；情感忠诚是顾客经过满意的消费积累而形成的带有积极的情感色彩的忠诚；意志忠诚是类似动机的顾客心理上的重购意愿；行为忠诚是从意志阶段转化而来的，克服障碍而进行的行为活动。显然，Oliver （1999）把忠诚作当是一种过程而非结果。

综上所述，自 1923 年 Copeland 首次提出品牌忠诚概念定义以来，出现了大量的品牌忠诚概念的定义（Jacoby，Chestnut，1978）。服务忠诚就是顾客对某一服务企业的品牌忠诚（陆娟，2005）。早期的忠诚概念主要是一种外显行为过程观（Tucker，1964）。后来，人们才开始更深入地研究行为忠诚背后的内在原因（Jacoby，Chestnut，1978），并试图通过两者的结合（Zeithaml，Berry，Parasuraman，1996）使忠诚定义更为准确。而且，这种内外结合的观点得到了大多数的后来研究者们的认同。

二、服务忠诚形成机制研究

文献中有着大量关于服务忠诚形成机制的研究，涉及了许多服务忠诚前置因素的概念及其与服务忠诚之间的效应关系。然而，在这些前置因素的选取、定义及其相互关系上，人们都没有取得广泛认同的统一观点，形成了服务忠诚形成机制的复杂的理论。这些理论大致上可以划分为交易管理观、关系营销观和综合观三大观点。

（一）交易管理观

许多学者认为，服务忠诚是建立在服务提供者为消费者提供符合消费者预期的服务质量、价值基础之上，并让顾客满意后所形成的顾客对某服务品牌的偏好。因此，该观点很重视服务的价值利得，强调顾客预期是构成服务质量的重要因素。甚至在服务营销文献中为人们广泛接受的服务质量定义就是在服务接触前所拥有的服务预期与所接受到的服务之间比较之后的差异（Gronroos，1982；1984；1990）。

这是一个基于不确定性理论的定义，它说明，只要服务满足或超越顾客预期，顾客就会满意。学者们大多认为，服务接触前的顾客预期会影响顾客对服务行为的评价和顾客满意（Bitner，1990；Cronin 和 Taylor，1992；Oliver，1980；Oliver 和 DeSarbo，1988；Parasuraman，Zeithaml 和 Berry，1988；Parasuraman，Zeithaml 和 Berry，1985；Stayman，Alden 和 Smith，1992；Tse 和 Wilson，1988）。

Zeithaml，Berry 和 Parasuraman（1993）开发了顾客期待理论模型。该模型认为，顾客的期待由四个部分组成：期望的服务（Expected Service）、理想的服务（Desired Service）、适当的服务（Adequate Service）和预测的服务（Predicted Service）。她

认为，理想的服务是顾客希望能得到的服务水平。它是顾客认为"可能"与"应该"的混合物（Brown 和 Swartz，1989）。这是高水平的期望，另一个低水平的期望是适当的服务，在适当服务与理想服务之间是顾客能接受的容忍区域（Zeithaml 和 Bitner，2000），Zeithaml 和 Bitner 的顾客满意模型见图 2.1。

图 2.1　Zeithaml 和 Bitner 的顾客满意模型

资料来源: Valarie A. Zeithaml, Mary Jo Bitner. Service Marketing: Integrating Customer focus Across the Firm, 2nd ed. McGraw-Hill Education, 2000: 26.

Zeithaml，Berry 和 Parasuraman（1993）确定了顾客的服务预期的主要先行要素，并构建了一个顾客服务预期模型（见图 2.2）。

顾客对企业的印象是指顾客是如何认识、感知一个企业的（Gronroos，1984，1990）。顾客对服务企业的形象（Image）认知，应对其未来的服务预期有积极的影响（Clow，Kurtz 和 Ozment，1991；Donovan 和 Rossiter，1982；Kotler，1973；Kurtz 和 Clow，1991；Mazursky 和 Jacoby，1986）。它是对企业形象的调节变量（Clow，Kurtz 和 Ozment，1991）。Gronroos（1990）根据他对服务预期的观点，构建了一个服务预期模型，如图 2.3 所示。

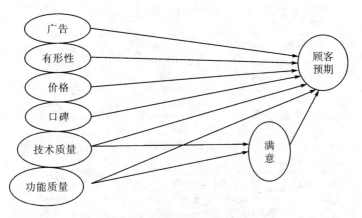

图 2.2　顾客服务预期模型

资料来源：Zeithaml, V. A., Berry, L. L. & Parasuraman, A. The nature and determinants of customer expectations of services. Journal of the Academy of Marketing Science, 1993, 21.

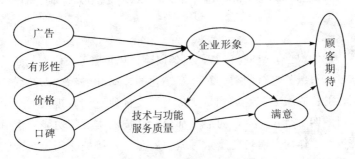

图 2.3　Gronroos 的顾客期待模型

资料来源：Gronroos, C. Service Management and Marketing: Managing the Moments of Truth in Service Competition, Lexington, MA: Lexington Books, 1990.

　　由于 Zeithaml（1993）和 Gronroos（1990）的服务预期模型没有说明企业形象的作用，Clow，Kurtz 和 Ozment et al.（1997）

提出了这两个模型的综合性模型（如图 2.4 所示）。

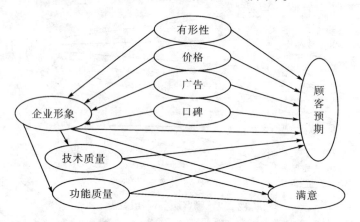

图 2.4　Clow，Kurtz 和 Ozment 的顾客预期整合模型

资料来源：Kennet E. Clow, David L. Kurtz, John Ozment and Beng Soo Ong. The antecedents of consumer expectations of services：an empirical study across four industries. The journal of services Marketing , 1997, 11 (4).

　　他们根据 Lovelock（1983）的以顾客化与服务提供者判断的维度，对服务进行归类，对高定制化的牙医和餐馆，以及低定制化的税收服务和音像租赁店进行了实证研究后发现，对于所调研的四个行业，企业的形象都会对其技术质量和功能质量的评价产生作用。而功能质量对顾客满意有直接的作用。在这四个行业的三个中，他们还发现存在一种关系，即对顾客的服务预期有直接作用的有形线索和顾客对最近的服务经历的满意水平会直接影响顾客的未来的服务预期。在不考虑服务的行业的情况下，企业形象应是顾客预期的重要先行因素和调节因素。对服务企业具有高的形象印象的顾客相信，他们会得到服务企业员工的良好的服务。他们会认为服务的结果能达到或超过他们的预期，反之亦然。

服务提供者的判别也对顾客的服务质量预测有影响。需要服务提供者具备低水平判断能力的服务比需要高水平判断能力的服务，在性质上，表现得更为直接（Episodic）。由于只需低水平的提供者判断，顾客对服务的设备等有形因素等线索更为注意。对于需要提供者的低水平判断的服务，顾客会更注意服务质量的技术成分，对于餐馆而言，其技术成分就是食物。

Bebko（2000）在服务整体的无形性的基础上，研究了顾客的质量预期以及服务质量的五个维度的重要性是否会受服务的无形性的影响。研究结果表明，随着服务的结果和过程的无形度的增加，顾客的质量预期也会增加，特别是服务的可靠性、保证性、反应性和同情性方面的预期增加得更为明显。而随着顾客预期的增加，服务企业满足顾客需要的机会也就会增加。

Anja 和 Kichard（2005）研究了服务场景对顾客感知质量的作用。他在 SERVQUAL 的基础上，提出了一个评估服务场景对服务质量的作用的新模型。该模型把服务场景因素作为探索性质量来考虑服务场景的特殊角色，即为 SERQYUAl 中的被叫作有形性的因素。而别的 SERQYUAl 维度用来表示经验性和信任性质量。这样，该模型就包括了服务场景的直接和间接的影响。而且还提出了一个更为全面的服务场景范围。这个范围超出了原有的 SERQYUAl 所覆盖的物理环境中的有形因素。模型在零售银行业与餐馆中进行了广泛的调研、检验，结果发现，服务场景的角色作用比先前人们的研究中所认为的还要大。服务场景不仅仅是预期的服务质量判断的线索依据，而且，它还影响顾客对其他的决定感知服务质量的因素的评估。因此，服务场景对服务质量存在直接和间接的影响。这就使得服务场景具有较大的全面性的作用。结果还表明，服务场景在享乐型服务中比在实用型服务中，对顾客的服务质量预期的评估会起更大的作用。

Dodds 和 Monroe （1985） 对价格和品牌信息对感知质量和价值的作用作了实证研究，并对价格的奇偶性是否存在感知差异作了研究。研究结果表明，价格对质量感知有积极影响，并会反过来（Inversely）影响价值感知和购买意愿。品牌信息提高了价格的作用，但是，价格的奇偶性并不会引起感知上的差异（见图 2.5）。

图 2.5　感知质量与购买意愿之间的关系模型

资料来源：Dodds，Monrie. The effect of Brand and price information on subjective product evaluations，Advances in Consumer Research，1985，12 （1）.

Zeithaml （1988） 在 Dodds 和 Monroe （1985） 提出的模型的基础上，将其与实证研究中得出的观点相结合，构成了一个与价格、质量的价值相关的路径——目标模型。该概念模型定义了价格、感知质量和感知价值，并把它们相互联系起来，回顾了它们之间的关系 （见图 2.6）。

Zeithaml （1988） 根据上述模型，进一步构建了感知质量的构成要素，以对其中的感知质量的影响因素进行分析。她认为，消费者的质量感知源于企业的内外部的线索。内部线索是指产品的物理结构，包括品味、色彩、性质和甜度等。内部特征只有在产品本身出现变化时才可能发生改变。外部线索是与产品相联系却又不是产品的构成要素的部分，像价格、品牌名称以及广告水平等都是消费者常用以评估产品质量的外部线索。她构建的模型如图 2.7。

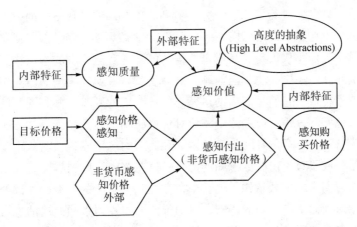

图 2.6　与价格、质量和价值相关的路径——目标模型

资料来源：Valarie A. Zeithaml. Consumer Perceptions of Price, Qulity, and Value：A Means-End Model and Synthesis of Evidence. Journal of Marketing, 1988, July, 52.

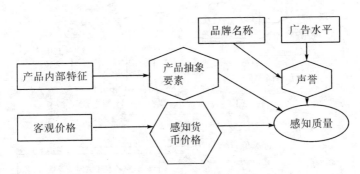

图 2.7　感知质量要素模型

资料来源：Valarie A. Zeithaml. Consumer Perceptions of Price, Qulity, and Value ：A Means-End Model and Synthesis of Evidence. Journal of Marketing, 1988, July, 52.

Sirohi, Mclaughlin 和 Wittink（1998）对超市现有顾客的商

店忠诚意愿进行了研究，并在 Dodds 和 Monroe（1985）的模型基础上构建了一个新模型（见图2.8）。该模型介绍了服务质量结构，而不仅仅是商品质量结构，包含了对竞争者的价值构成的感知，集中关注了当前顾客的商店忠诚意愿。模型共由九个变量构成。它们是商店的运营感知、商店的外观感知、人员的服务感知、销售促进感知、相对价格感知、商品质量感知、价值感知、对竞争者的价值的感知和商店的忠诚意愿。前八个变量构成了对受访者的感知的测量；第九个变量所测量的是受访者对商店的忠诚意愿。模型中，存在三种重要的联系：外部线索对商品质量感知的线索、感知价值的前置因素和商店的忠诚意愿决定因素。

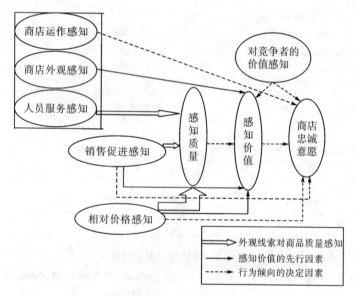

图2.8　超市的顾客感知和商店忠诚意愿模型

资料来源：Niren Sirohi, Edward W. Mclaughlin & Dick R. Wittink. A Model of Consumer Perceptions and Store Loyalty Intentions for a Supermarket Retailer. Journal of Retailing , 1998, 74（2）.

研究发现，服务质量是顾客商品质量感知的最关键的决定因素。货币的感知价值依赖于对相对价格的感知和对销售促进的感知，而对服务质量和商品质量的感知作用较小。商店的忠诚意愿依赖于对服务质量和商品质量的感知。当竞争者的吸引力大时，感知价值会在商店忠诚意愿的决策中起重要作用，当竞争者的吸引力小时，研究没有发现存在货币的感知价值的相关性。

Monroe 和 Krishnan（1985）提出了一个把价格、感知质量、感知付出、感知价值和购买意愿联系起来的模型。这个模型中，实际价格是顾客能感知到的客观的价格。另外，还有一个顾客自己所感知、体验到的价格。模型分析了客观价格、感知价格、感知质量、感知付出、感知价值和购买意愿之间的关系，见图2.9。

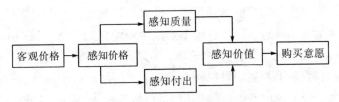

图2.9　价格效应的概念关系模型

资料来源：Monroe ，Kent B，& K. Krishnan. The effect of price on subjective product evaluations. In Jacob Jerry C. Olson，eds. Perceived Quality：How Consumers View Stores and Merchandise Lexington，MA：Lexington Books，1985.

Dodds，Monroe 和 Grewal（1991）在这个价格效应概念关系模型的基础上，增加了品牌名称和商店名称，认为它们与价格一起，都是影响产品质量和价值感知的外在的线索，并进而影响顾客的购买意愿（Zeithaml，1988）。研究结果表明，价格对感知质量存在正向影响，但对感知价值和购买意愿有负向影响。

顾客喜欢的品牌和商店的信息能对质量和价值的感知以及主观的购买意愿起积极的影响，见图 2.10。

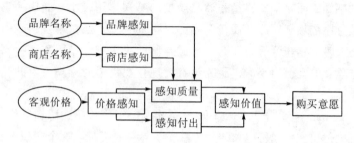

图 2.10 含品牌名称和商店名称的扩展的概念模型

资料来源：William B. Dodds, Kent B. Monroe, and Dhruv Grewal. Effects of Price, Brand, and Store Information on Buyers' Product Evaluations. Journal of Marketing Research, 1991 XXVIII.

模型中的客观价格是指产品的客观外部特征，它可以通过消费者的主观感觉，在心理上形成主观的感知价格（Jacoby 和 Olson，1977）。相同的客观价格，不同的人对其的主观感知价格却可能会各不相同。对同一个顾客来说，也会由于产品、购买情境以及时间的不同而产生不同的价格感知（Cooper，1969）。

顾客对产品或服务的接受，是有一定的价格容忍度的。他们一般能接受某次购买的商品或服务的各种价格中的好些种价格，而不是只能接受某个单一的价格（Monrie，1985）。对价格太高的产品，消费者不会购买，而对于价格太低于他们所能接受水平的产品，顾客也会对产品的质量产生怀疑（Cooper，1969）

Bridges，Florsheim 和 John（1996）认为，在不同国家开展的促销活动的效果会存在差异，因此，由于文化上的人为边界和国内顾客间的差异，在国际营销战略的发展中，国籍自身可能不会提供一个市场细分的基础。为此，对在 6 个不同的国家的 11 532 个顾客健康服务的使用者中的文化细分变量（比如种族划分、宗教信仰、城市或乡村居住地）加以评估，以确定它们在市场细分中的能力。这种能力可以解释不同的促销方法的效果差异。研究结果表明，城镇居民、非少数民族种族组织成员，以及那些属于基督教或大宗教群体的人们对印刷的和电子的媒体表现出比较强的反应，而像教育会议这样的更为个人化的促销，在农村居民和少数民族和宗教组织成员中效果更好。通过国家间的比较，他们得出的结果与那些在文化价值研究中所取得的结果相一致。

Alvarez 和 Casielles（2005）的研究证明了销售促进对品牌选择行为有影响。研究结果表明，在购买时，有必要考虑产品在促销中所起到的解释作用。促销是一种工具，它能帮助制造商或零售商达到他们的目标（如：测试品牌、帮助决定采购什么品牌等）。即时的降价是能对品牌选择过程产生最大影响的技术。顾客可能会感知到一种促销活动，但不一定会改变他们的行为。在这种情况下，制造商或零售商利用其资源所做出的促销活动就对顾客不起作用。他们提出的顾客品牌选择模型如2.11所示。

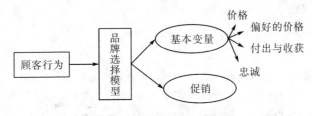

图 2.11　顾客品牌选择模型

资料来源：Alvarez, B. A. and Rodolfo Vazquez Casielles. Consumer evaluations of sales promotion：the effect on brand choice. European Journal of Marketing, 2005, 39（1/2）.

他们经过精心准备和计划，进行了一个区域性的顾客访谈，取得了他们所需要的信息。他们的研究还表明，了解顾客的偏

好和影响他们的行为的活动是很重要的。根据他们的研究结果，
建立在价格基础之上的促销活动似乎是最有效的。

  Ndubisi 和 Moi（2005）评估了优惠券、价格折扣、免费的
样品、奖励包以及店内展示这些销售促进工具对顾客尝试产品
及其重购行为的影响，并对顾客顾面子的心理在销售促进工具
和产品测试之间的关系中的调节作用进行了检验。数据分析结
果表明，价格折扣、免费样品、奖励包和店内展示与顾客的产
品尝试行为相关。优惠券对顾客的产品尝试行为并无明显的作
用。顾客对产品的尝试行为对其重要行为起重要作用，并调节
了销售促进和重购行为之间的关系。顾面子的心理能明显地调
节店内展示和顾客对产品的尝试之间的关系（研究框架如图
2.12 所示）。

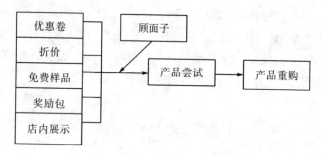

图 2.12　促销因素与产品尝试、顾客重购关系的研究框架

资料来源：Ndubisi, N. O. & Chiew Tung Moi. Responses to
Sales Promotion：The Role of Fear of Losing Face. Asia Pacific Jour-
nal of Marketing and Logistics, 2005, 17（1）.

  销售促进工具被战略性地使用于各行业时，它们不仅会增
加品牌的知名度，而且能鼓励顾客尝试新的产品（Ndubisi 和
Moi，2005）。生产商可能利用优惠券来刺激顾客以折扣价购买
他们喜欢的新产品，而不是以全价购买他们同样喜欢的产品。

因此，这个刺激可能会减少顾客在第一次尝试新的比较不熟悉的产品时的感知风险，如果顾客愿意在财务风险较小时进行尝试的话，新产品就比较容易获得成功（Blackwell，2001）。

Kivetz（2005）认为，销售促进是把双刃剑。一方面，顾客会受到所给予的利益和回报的诱惑。另一方面，顾客也会受竞争对手的吸引顾客的促销措施的影响，他们可能会感知到竞争者所提供的各种促销刺激并对顾客的品牌选择带来负面的影响。

Heerde 和 Bijmolt（2005）对忠诚项目的作用进行了研究后认为，忠诚项目会自然地把企业的顾客基础分为会员与非会员两大类。为有效地管理这两大类顾客，了解像销售促进这样的营销活动是如何影响这两类顾客对企业收益的贡献是很有价值的。

Day（1992）对服务提供者是否并如何通过服务广告向顾客沟通、传递其提供物的质量信息作了实证的研究，结果发现，杂志广告向顾客提供的质量线索相当少。对此，Day（1992）提出了几种提高广告中的质量信息的建议，包括从服务质量五维度模型、服务传递系统和服务产品、把服务分解成各构成成分或服务接触等角度考虑增加广告中的质量信息。

交易或交往是任何营销活动的基础，但很少有研究者把它当作分析的基本单元。服务营销是关于活动和过程，而不是实物的营销（Solomon，Surprenant，Czepiel et al.，1999）。大多数的学者在对于有形产品与服务之间的差别的研究中，都得出这样的结论，即产品与服务是一个连续体的两端（Bell，19981；Liechty 和 Churchill，1979；Rathmell，1961），两者之间存在重叠（Solomon，Surprenant，Czepiel et al.，1999）。人们对服务营销的兴趣增加的结果是，人们对买卖双方、人与人之间的交往在整个服务的成功中所起的作用的重要性有了更多的认识（Solomon，Surprenant，Czepiel et al.，1999）。在同时向顾客提供服务与产品时，买卖双方之间的交往常因为人们关注有形产品的特性和顾客与产品之间的更为持久的交互作用而被忽视了。然而在服务中，人们可能应对的就是主要由人来传递给人的某种东西。真正的无形性的因素就是人这个因素（Knisely 1979）。因此，在服务营销中，服务交往本身在相当大程度上占据了中心的地位，影响着服务差异化、服务的质量控制、服务传递系统和顾客满意（Solomon，Surprenant，Czepiel et al.，1999）。在一定程度上说，每个人都代表着企业，在向顾客促销着企业（Shostack，1977）。

Solomon，Surprenant，Czepiel et al.（1999）对从社会心理学的角度论述人类交往的观点进行了调整，提出了一个概念框架模型。他们把服务交往当作是更大的具有目标导向的互利交往中的一部分。任何的交往都被假定是拥有已知的和持续的行为模式。每个参与人员都应做出一定的行为，以保证整个交往行为的顺利进行。由于买卖双方对已知服务模式的认识的一致性程度是决定顾客满意的重要决定因素，因此，应对人员之间的配合给予相当的重视，正是人们之间相互依存，才使交往得以顺利实现。

Bitner（1990）提出了一个综合了顾客满意、服务营销组合和归因理论的用于理解服务接触评价的模型。该模型是关于服务接触中的顾客满意的先行因素和结果的。她认为，顾客先前的态度会对某一特别的服务接触的结果产生影响。顾客的消费后的即时反应依赖于其先前的预期与感知表现之间的比较情况，而且暂时性因素的不确定性会对顾客的满意起到调节作用。服务接触满意会对感知服务质量发生作用，从而导致对企业的后续的行为（Oliver，1980）。Bitner（1990）认为，模型更多地考虑了营销组合对满意可能存在的直接作用，表现为对满意的三个先行因素的直接影响：预期、感知服务表现和归因。该模型说明，营销组合也可能会通过其对服务的不确定性的归因，影响顾客在服务接触中的满意（Bitner，1990），见图2.13。

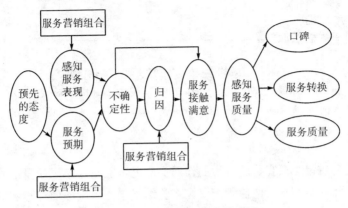

图 2.13　服务接触评估模型

资料来源：Bitner, M. J. Evaluating service encounters: the effects of physical surroundings and employee responses. Journal of Marketing, 1990, 54 (2).

Mayer, Bowen 和 Rmoulton（2003）等人提出了一个双维度的服务过程模型。该模型与顾客的接触满意有关，并受包括顾客的品牌形象印象、顾客的情绪在内的感知因素的过滤与调节。第一个维度由固定的（结构性）描述符号构成，而第二个维度由变量（情境性）描述符号构成。提出的模型在每个维度中描述了八个描述性因素。作者对它们在服务营销文献中的来源都作了解释。模型认为，服务过程和顾客的感知过滤都对接触满意有直接的影响。他们提出的模型如图2.14所示。

Hui, Zhao 和 Fan（2004）对服务的过程和结果质量对顾客的购后行为的影响进行了研究。他们以公平起点理论（Fairness Heuristic Theory）和双因素理论为基础，设计并检验了两种服务质量相互间对于顾客购后行为的显著的影响。他们的研究表明，

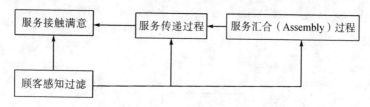

图 2.14 服务过程的双维度模型(简化模型)

资料来源: Mayer, K. J., John T. Bowen & Margaret Rmoulton(2003). A proposed model of the descriptors of sevvice process. Journal of Services Marketing, 2003, 17(6).

过程质量对顾客购后行为的作用实际上可能是与结果质量的水平相联系的。从他们所作研究实验结果来看,服务的过程和结果的共同作用不是它们的简单的相加,而是比之更大。在顾客在消费服务前对于服务的结果确定的情况下,当结果质量没能达到顾客的期望水平时,过程质量对于顾客的购后行为会有边际效应。由服务的不良结果质量导致的未预料到的失望和对服务提供者的信任的大打折扣会阻碍过程质量对于顾客购后行为所形成的实质性作用。他们的研究结论也支持和扩展了 den Bos, Lind 和 Allan(2002)提出的过程公平作用的出现依赖于服务结果的不确定性的观点。由于服务的结果的难以预料性,过程公平效应在顾客的服务购后行为的评价中起作用的现象是普遍存在的。

在大多数的服务业中,服务都是在员工与顾客的接触中得以传递的。因而,员工对顾客的态度、行为会对顾客的质量感知、满意和行为起决定作用(Bowen, Schneider, 1985; Pfeffer, 1994; Yoon, Beatty, Suh, 2001)。Yoon, Seo 和 Yoon,(2004)研究了在服务接触中支持员工的服务接触的几种资源,包括:组织支持、管理支持、顾客在服务中的参与。它们都会影响顾客的服务质量感知。研究把顾客的感知与员工的接触相结合，结果表明：以上三种支持资源都对员工的工作满意和服务质量具有显著影响，而且所感知到的组织支持和顾客参与会影响员工的服务努力。实证结果也表明，员工的服务努力和工作满意在决定顾客对员工的服务质量的感知中，起到了重要的作用。它们是联结员工的各种积极支持资源与服务质量的中介。他们构建的模型如图 2.15 所示。

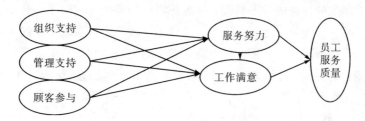

图 2.15　员工接触支持模型（Model of Contact Employee Supports）

资料来源：Yoon, M. H., Fai Hyun Seo and Tae Seog Yoon. Effects of Contact Employee Supports on Critical Employee Responses and Customer Service Evaluateon. Journal of Services Marketing, 2004, 18 (5).

Auty（1992）通过对顾客的调研，开发了一个餐馆选择模型。这个模型支持了餐馆的竞争性策略。所调研的顾客认为，餐馆的食品种类和食品质量是他们选择餐馆时考虑的基本的因素。一旦选择的时间和场景合适，餐馆的风格和氛围就成为决定性的因素。这项研究调研了人口统计上的三个群段：学生、强壮的中年人和收入较适中的老年人。他们表现出了在餐饮各类上的明显的不同偏好。研究因此得出结论认为，餐馆侧重在种类上进行竞争是正确的。研究还发现，顾客对组织的正式与否特别重视。员工穿着制服及其适当的行为被用来视为判别"真正的"餐馆的依据。而且，大多数餐馆都会有一个构成其顾客基础的确定的年龄和收入细分人口段群。

Bitner（1992）对服务场景中有形物对顾客和员工的影响作了研究，构建了一个探索物理环境对顾客和员工的影响的概念性框架。她把服务场景归类为自我服务、人际互动服务（顾客与员工）以及隔离服务（Remote Services）。她提出的框架对顾客与员工在服务场景中的行为进行了分类：个体的行为和社交行为，并分析了服务类型与行为之间的关系。在此基础上，她对场景的反应进行了研究，认为环境会影响顾客与员工的认知情感、生理与行为。她还把场景作了维度划分：氛围、空间布局和功能、标志、符号和人造物品。她把顾客的行为反应的作用分为几类，即接近与躲避、货币付出和重购意愿。见图2.16。

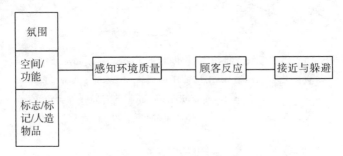

图2.16 物理环境对顾客和员工的影响的概念性框架

资料来源：Bitner, M. J. Servicescapes：The impact of physical surroundings on customers and employees. Journal of Marketing, 1992, 56.

Wakefield和Blodgett（1994）研究了对服务场景的感知质量和满意对顾客重购行为的整体作用。但在他们所构建的模型中，他们并没有明确那些对场景质量起决定作用的关键性因素，其构建的服务场景模型如图2.17所示。

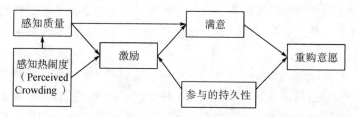

图 2.17　服务场景的感知质量和满意对顾客重购行为的整体作用模型

资料来源：Wakefield，K. L. Jeffrey G. Blodgett. The importance of the servicescape in leisure service settings, The Journal of Services Marketing, 1994, 8 (3).

Wakefield 和 Blodgett（1996）在 Bitner（1992）的服务场景框架的基础上，关注了易于控制的建筑物那部分环境，即布局的易接近性、设备的美观度、电子装置和座位的舒适度以及环境的整洁度对服务场景的感知质量的作用，但没有对较难控制的氛围作研究。研究结果表明，这些因素都对感知服务场景质量具有显著影响，并进而影响顾客的满意和重购意愿。

Martinez-Tur 和 Peiro（2005）通过对情境性限制（Constrains）的分析，预测了顾客对服务企业的满意度。情境性限制一般被定义为员工难以控制的环境因素，这些因素会制约服务质量的完善。情境性的限制因素可以分为两大类，一为社会性限制因素，即指在工作环境中，影响人们之间交往表现的障碍。而技术性限制则是指有形的或物理性的制约工作的组织障碍。他们用实证的方法研究了社会性限制与技术性限制对顾客满意的影响。结果表明，当顾客在服务现场时，技术因素与顾客评估之间的关系不能忽视。而 Brown 和 Mitchell（1993）提出的社会限制的主导作用的观点并没有得到支持。实际上，技术限制对于顾客满意的作用比社会限制的作用会大上两倍。无论是技术性的限制还是社会性的限制都会对顾客的满意度产生影响。

服务的质量不仅依赖于企业员工的服务动机与表现，还受到与工作系统相关的组织因素，比如服务的社会性和技术性的限制因素的影响。

Luomala（2003）开发了一个概念框架模型来理解顾客对零售环境的感知是如何形成的。在开发这个模型时，着重解决了三个主要的理论问题。首先，解决了零售环境的定义问题。其次，从场地的角度对零售商店的环境感知维度进行了探讨。最后，对顾客的环境感知调节因素进行了研究，提出了一些理论建议。研究通过定量与定性的分析，发现在不同的零售环境条件下，各个感知维度都能以不同的方式起作用。

Baker，Parasuraman，Grewal et al.（2002）提出了一个综合性的商店选择模型。该模型包括三种类型的商店环境线索（社会的、设计的和周围环境的）作为外生变量（Exogenous Constructs）；各种商店选择标准（包括购物经历成本）作为调节变量（Mediating Constructs）；商店光顾意向作为内生变量（Endogenous Construct）。他们对模型在各种商店选择标准基础上，对环境因素影响顾客对商店的评估水平并进而对影响顾客的光顾意向进行了实证检验。研究的结果支持了模型。

Kaltcheva 和 Weitz（2006）对零售商在何种情况下构建激励性的购物环境作了研究。通过搜索文献中的各种相互矛盾的结果，作者开发的概念框架模型提出，顾客的动机定位会调节激励效应。这种激励效应是由商店环境的舒适度引起的。作者用两个实验来支持了这个框架模型。顾客拥有休闲的动机导向时，高激励对环境的舒适度有积极的影响，但是，当顾客拥有任务导向时，高激励会减少舒适度。而且，对于休闲导向的顾客来说，高激励会增加顾客光顾商店并购买商品的次数。但对于任务导向的顾客来说，它对于购买行为具有负面的作用。环境的舒适度调节了激励对于购买行为的作用。

综上所述，服务忠诚的交易管理观十分重视交易的过程、环境和结果，并把它们作为评判服务绩效的重要线索。同时，该观点把服务质量（Cronin，2003；Howat，Murray，2002；Gary，Crilley，McGrath，2008）、顾客感知价值（Cronin，Brady，Hult，2000）、顾客满意（Oliver，1980；Howat，Crilley，2007；Gountas，Gountas，2007）、企业形象（Gronroos，1990；Clow，Kurtz，Ozment，1997）、有形展示（Anja，Kichard，2005；Bitner，1992；Kaltcheva，Weitz，2006）和顾客感知价格（Dodds，Monroe，1985；Sirohi，Mclaughlin，Wittink，1998；Zeithaml，1988）等与顾客价值体验相关的因素作为服务忠诚的前置因素。其中，服务质量、感知价值和顾客满意是服务忠诚的三个主要驱动因素。所有这些服务忠诚前置因素都是顾客感知的线索或结果。比如，服务质量常被用顾客的"预期—感知"即不确定性加以衡量（Parasuraman et al.，1988），消费者对服务质量的体验是服务忠诚的关键决定因素（Aaker，1996；Berry，2000）；顾客满意是顾客预期与感知利得比较后产生的评价，是"预期—不一致"的函数（Szymanski，Henard，2001）。顾客感知价值概念的"得失说"（Zeithaml，Parasuraman，Berry，1990；Woodruff，1997）"多要素说"（Sheth，1991）和"综合评价说"（Flint，Woodruff，Gardial，1997）也都离不开对服务的线索或顾客体验的评价。在搜寻性和（或）经验性线索的支持下，这些因素与服务忠诚及其内部各因素间就构成了各种效应关系，形成了基于顾客价值感知的服务忠诚形成机制观，即交易管理观。然而，交易管理观内部也没有在服务忠诚形成机制上形成统一的观点，甚至存在研究结论相矛盾的现象。比如，仅仅在顾客感知价值与顾客满意的关系上，就形成了两种对立的观点。有些学者认为，感知价值是满意的前置因素（Lam，2004；Oliver，1993），有些学者则认为，顾客满意是顾客价值的前置因素

（Bolton, Drew, 1991; Petricket, 2001）。即使在同一观点的内部，对它们在服务忠诚形成机制内部两者孰轻孰重也争议颇多，形成了所谓的"价值主导说"（Gale, 1994; Sweeney, Soutar, Johnson, 1999）和"满意主导说"（Jozee Lapierre, Pierre Filiatrault, 1999）两种相左的观点。总体上说，赞同感知价值是满意的前置因素的文献比较多，成为较为主流的观点。但两者孰轻孰重则难以评判。学者们大多把顾客感知价值和满意都作为服务忠诚的重要核心前置因素来考察。

（二）关系营销观

随着关系营销理论的发展，有些学者认识到构建顾客与服务企业之间的关系是重要的，并开始把关系营销中的一些核心观点引入服务忠诚理论中，形成服务忠诚的关系营销观。该观点把原来适用于 B to B 的信任与承诺因素应用于 B to C 情境，认为信任与承诺是服务忠诚的重要前置因素。虽然学者们对信任的定义并不一致，但大多把它与可靠性和善意性相联系，或者把这两个特性作为其次级维度。比如，Doney 和 Cannon（1997）认为信任是对他人的可感知的可依靠性和善意性的感知。Sirdeshmukh, Singh 和 Sabol（2002）认为信任是服务提供者可以依靠，能赖于传递其承诺的顾客的期待（Sirdeshmukh, Singh, sabol, 2002）。信任被许多学者认为是服务忠诚的重要影响因素（Lim, Razzaque, 1997; Garbarino, Johnson, 1999; Chaudhuri, Holbrood, 2001; Singh, Sirdeshmukh, 2000; Sirdeshmukh, Singh, Sabol, 2002）。在长期的关系构建中，信任是"基石"（Spekman, 1988），是企业构建稳定的顾客关系、保持市场份额的关键因素（Urban, Sultan, Quals, 2000）。企业若要赢得顾客忠诚，就得先赢得他们的信任（Reicheld, Schefter, 2000）。

有些学者单就信任与忠诚之间关系进行了研究（Anderson,

Narus, 1990; Ganesan, 1994; Chow, Holden, 1997; Moorman, Zaltman, Deshpande, 1992; Sirdeshmukh, Singh, Sabol, 2002)。其中，大部分信任研究都集中于 B to B 市场中的分销渠道方面（Anderson, Narus, 1990; Ganesan, 1994; Morgan, Hunt, 1994）。比如，Ganesan（1994）曾就购销关系中的长期导向的决定因素进行了研究，认为购销双方关系中的长期导向是两个主要因素：相互信赖性及相互间信任程度的函数。信任与信赖在决定购销双方的长期导向中起着关键的作用，而且它们都与环境的不确定性、具体的交易投资、声誉以及购销关系中的满意指标相联系（Ganesan, 1994）。信任因其在商业购买过程中的重要作用而被认为是一种重要的情感，同样的，信任会使顾客相信以往曾经做出令人满意行为的供应商会做出同样的令人满意的行为，并因此对该供应商做出某种承诺（Chow, Holden, 1997）。

消费者情境中的信任研究相对较少。Ball, Coelho 和 Machas（2004）认为，在 B to C 情境中，信任的善意性成分在决定忠诚中的作用是很强大的。首先，他们认为，对于很多忠诚起很重要作用的服务市场而言，可信性成分都是存在的。比如，顾客并不可能总能判断所提供的服务达到了所要求的水平，这就使得顾客要去信任服务提供者的善意性和诚实。其次，善意性信任可能会是关键的，因为顾客可能会认为由于转换服务上的困难，企业占据了势力更为强大的地位。顾客有时容易受到攻击，因而对于顾客而言，善意性的信任就是一个出路。在所有或几乎所有的卖主都是可信的市场中，人们会平等地相信很多卖主，把信任当作是做生意的一种正常的一部分，并因而是忠诚的或没有对信任的偏好。所以，信任与忠诚的关系虽然会是积极的，但可能在某些市场却是微弱的。

也有些学者把承诺与信任结合起来，作为服务忠诚的两个相关联的重要因素，研究它们对服务忠诚的影响作用（Morgan，Hunt，1994；Bove，Johson，2002）。Morgan 和 Hunt（1994）把信任当作是顾客对企业做出承诺的先决因素。Bove 和 Johson（2002）则把顾客的承诺与信任的两个维度：可信性与善意性一同视为顾客忠诚的直接影响因素，并把信任的两个分维度与承诺并列为影响顾客的因素。

还有些学者把信任与消费者的情感结合起来，研究消费者的信任、情感与服务忠诚之间的关系，认为消费者对企业及其服务人员的情感会影响其忠诚（Fournier，Dobscha，Mick，1998；McEwen，2005），信任则在其中起到了重要的调节作用（Chikin，Tse，Chan，2008）。

（三）交易管理和关系营销的综合观

有些学者在接受了服务忠诚的关系营销观的同时，又把它与交易管理观相结合，形成了服务忠诚形成机制的综合观（Ranaweera，Prabhu，2003；Ball，Coelho，Machas，等，2004）。该观点认为，顾客与服务企业之间，既要重视感知价值的实现，也要重视关系的构建，只有这样，顾客才能尽量规避风险（Ball，Coelho，Machas，等，2004）。

有些学者认为，顾客满意与忠诚或顾客保留之间存在直接的关系（Crosby，Evans，Cowles，1990；Ranaweera，Prabhu，2003；Ball，Coelho，Machas，2004）。这些学者同时论及了信任或承诺的作用，并将之作为与满意并列的，共同对忠诚或顾客保留起作用的因素。他们的观点可以用图 2.18 大致表现出来。

学者们在论述顾客满意、信任和（或）承诺对忠诚或顾客保留的作用时，大多不是简单地只论及这些因素的关系和作用的，往往还谈到了其他一些因素与忠诚与保留之间的关系。Crosby，Evans 和 Cowles（1990）把顾客满意和信任作为关系质量的内涵，构建了一个关系质量的模型，通过对人寿保险的实

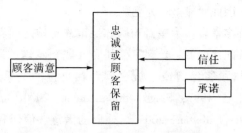

图 2. 18 顾客满意、信任和承诺与忠诚或顾客保留之间的关系（1）

资料来源：本研究归纳整理。

证检验，证实了顾客满意和信任在对顾客以后的购买保险的意向中的重要作用。Ranaweera 和 Prabhu（2003）通过对英国的固定电话用户的大规模的调研数据中得出结论，认为顾客满意和信任都对顾客的保留起着强烈的积极作用。但是，他们发现，信任对顾客保留的作用相比顾客满意的作用要小些。不过，他们发现，信任和顾客满意之间的相互作用也对顾客的保留有着显著的影响。而且，他们还发现，顾客转换的障碍对顾客保留也有显著的积极作用，对顾客满意和保留之间的关系也具有调节作用。Ball，Coelho 和 Machas（2004）的研究表明，顾客忠诚可以解释为一种由顾客满意、信任和沟通构成的牢固的等级。在这些结构和在欧洲顾客满意指数（European Customer Satisfaction Index，ECSI）的扩展模型中的其他结构中的直接或间接的作用都得到展现。他们的信任概念包括基本的善意性和总体的信任。在 ECSI 修正模型中，顾客信任的增加会对忠诚产生积极的直接作用。而感知质量会对感知价值和满意发生直接的作用，并间接作用于忠诚。形象会对期待、满意和忠诚发生直接作用；预期会对感知价值、感知质量和满意发性直接的作用。沟通会对信任、满意和忠诚发生直接的作用。顾客抱怨也会对信任和忠诚发生直接的作用。由于他们的这个模型涉及较多的变量，因此，显得较为复杂。

也有许多学者认为满意与顾客保留或忠诚之间存在间接的关系，这种间接的关系受到了信任和（或）承诺的调节，信任与承诺则与顾客保留或忠诚之间存在直接的关系（Hennig-Thurau，Klee，1997；Singh，Sirdeshmukh，2000；Jackie Tam，Wong，2001；Fullerton，2005）。他们的满意、信任和（或）承诺与顾客保留或忠诚之间的关系可用图2.19表示。

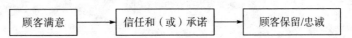

图2.19　顾客满意、信任与忠诚或顾客保留之间的关系（2）

资料来源：本研究归纳整理。

然而，尽管这些学者都认同上述的关系，但他们对顾客满意、信任、承诺等的作用的具体细节上却并不一致。比如，Hennig-Thurau 和 Klee（1997）认为信任和承诺共同构成关系质量，共同成为满意与顾客保留的调节因素，而且，满意与顾客保留之间的关系还会受到顾客心理、具体的情境和环境等其他权变因素的影响和制约。Wetzels，Ruyter 和 Birgelen（1998）的研究认为，服务质量会影响顾客满意，顾客满意对顾客的承诺有直接的作用。顾客还受到顾客信任的直接作用，顾客信任通过顾客的承诺对忠诚发生作用。但作者认为顾客满意对信任不存在影响作用。Johnson 和 Auh（1998）认为，在满意和忠诚的内涵（Effects）显著不同的多变量机制中，信任的作用取决于所在环境的性质。

Singh 和 Sirdeshmukh（2000）则认为信任是满意与顾客保留之间的中间调节因素，并没有提及承诺在其中的作用。他把信任分为能力和善意性两个维度，并认为满意通过对这两个维度的影响，实现对忠诚的间接影响作用。Tam 和 Wong（2001）把满意和信任当作服务企业员工与顾客交互作用情境中，培育良好关系的重要因素，认为它们与员工的自我开放性（Self Disclosure）、顾客关系导向（Relation Orientation）等一起，而非单独地对顾客的未来购买意向发生显著的影响作用。

Fullerton（2005）把承诺分为情感承诺和持续承诺，并认为它们是顾客的品牌满意与重购意向关系的调节因素。他们的研究发现，在两种零售服务品牌情境中，承诺的这两种成分会充分地调节品牌满意与重购意向和宣传意向的关系；而且对品牌的情感承诺会积极而强烈地与对品牌的重购意向和宣传品牌的行为意愿相联系。持续承诺与重购意向最多只会有微弱的但积极的联系，但与品牌的宣传意向却有着负相关。

Gwinner，Gremler 和 Bitner（1998）认为，顾客与企业之间价值的一致性与顾客的忠诚和满意之间存在显著的关系。Oliver（1999）认为，满意对忠诚具有直接影响关系的观点太过粗糙，它们之间应该还存在别的调节性的因素。Woodruff（1997），Garbarino 和 Johnson（1999）认为，信任和价值是忠诚结构中各因素间的联结性的调节因素。Sirdeshmukh Singh 和 Sabol（2002）也认为，信任会影响顾客价值，并通过顾客价值对忠诚发生作用。

对于信任与价值之间的关系，Sirdeshmukh Singh 和 Sabol（2002）作了比较详细的分析，认为信任会通过影响顾客对与服务提供者的共同价值的感知来影响忠诚。当顾客与企业之间存在相似的感知利益时，顾客就会更愿意与企业保持关系，更愿意促进互利，作出关系承诺；信任能创造价值，因为顾客在与有能力的、善意的服务提供者的交往中，能获得关系利益；与服务提供者的持续的关系能减少顾客的交易的不确定性，使顾客形成持续、可靠的预期。Agustin 和 Singh（2005）通过从两种不同的服务环境：服装零售和非商务航空旅行的顾客中收集的数据，对顾客交易满意、信任和关系交换价值之间的关系进行了实证研究。认为，信任是个"激发"（Motivator）的因素，满意和价值都是忠诚机制中的"保持"（Hygiene）的因素。

他们的研究也把信任与价值作为满意与忠诚之间的调节因素，并认为在满意、信任和价值对忠诚的效应之间存在曲线的线性效应（Curvilinear Effects）。

与 Sirdeshmukh Singh 和 Sabol（2002）的观点不同，Chaudhunri 和 Holbrook（2001）虽然也认为，顾客价值对忠诚会有影响，但这种影响却是受到了信任的调节。

许多学者没有区分信任的概念维度，而是把它当作整体的概念来研究的（Chow，Holden，1997；Garbarino，Johnson，1999；Ball，Coelho，Machas，2004）。有些学者则对其概念作了维度的细分，并研究其维度与其他概念之间的关系。比如，Bove 和 Johnson（2002）的研究中把信任分成可信性和善意性信任。

在信任与其他服务忠诚前置因素的选取和关系上，有些学者把满意、信任或承诺并列，认为它们是服务忠诚的共同的前置因素（Ranaweera，Prabhu，2003；Ball，Coelho，Machas，2004；Jackie Tam，Wong，2001；Fullerton，2005）。也有些学者认为信任与承诺一起，构成关系质量，共同成为满意与顾客保留的调节因素（Hennig-Thurau，Klee，1997）。也有些学者把信任和感知价值相联系，认为它们是忠诚结构中各因素间的联结性的调节因素，信任会通过影响顾客对与服务提供者的共同价值的感知来影响忠诚（Sirdeshmukh Singh，Sabol，2002）。有些学者认为，感知价值、顾客满意和信任都是服务忠诚的前置因素，并共同对后者发生作用。比如，Agustin 和 Singh（2005）的研究把信任与价值作为满意与忠诚之间的调节因素，并认为在满意、信任和价值对忠诚的效应之间存在曲线效应（Curvilinear Effects）。

有些学者对信任在服务忠诚前置因素中的重要性问题作了审视，且观点存在分歧。比如，Ranaweera 和 Prabhu（2003）认为顾客满意和信任都对顾客的保留起着强烈的积极作用。但是，相比顾客满意，信任对顾客保留的作用要小些。Garbarino 和 Johnson（1999）把服务企业与顾客的关系分为高、低两种关系，对于低关系的状况来说，满意是顾客未来购买意向的主要调节因子，而对于高关系的状况而言，顾客信任与承诺则比顾客满意更为重要。Agustin 和 Singh（2005）认为，信任是"激发"因素（Motivator），满意和价值都是忠诚机制中的"保持"因素（Hygiene）。

Ching-Sheng Chang，Su-Yueh Chen 和 Yi-Ting Lan（2013）的研究表明，医疗服务中的人员服务接触会积极地影响服务质量和病人的满意程度，这些影响通过两种途径来实现，一是服务接触会直接影响病人的满意度；二是服务质量和病人的信任作为中介因素，影响病人的满意。也就是说，在他们的研究中，信任不是满意与忠诚的中介因素，反而是服务质量与满意的中介因素，其位置在满意之前而非之后，这是与以往的文献中总是把信任置于满意之后不同的地方，反映了信任性服务中的信任的重要前置作用。

总之，在服务质量、顾客价值、顾客满意、信任和承诺等因素与服务忠诚之间的关系上，由于西方学者们的研究视角存在差异，所选择的观察变量也不同，所得出的结论具有较大的不同。

第二节　国内服务忠诚研究现状及分析

一、服务忠诚基本观点

服务忠诚因其在服务理论中的重要地位而引起了国内众多营销学学者的重视。国内学者的服务忠诚探索大多是在西方服务理论的基础上，对服务忠诚概念及其维度，特别是其形成机制展开的广泛而深入的研究，并且达到了相当高的水平。通过分析中外相关文献，我们发现，无论是从研究选题，还是方法运用等方面都难以察觉国内外学者在服务忠诚的研究水平上所存在的明显差距。国内学者大多接受服务忠诚概念的综合观（如：陆娟，等，2007），服务忠诚形成机制理论也大致可以分为服务管理观、关系营销观和综合观。

（一）服务管理观

与国外学者的服务忠诚管理观一样，国内学者在研究过程中，除把服务质量、感知价值和顾客满意作为服务忠诚的三个最主要的驱动因素外，还提出了企业形象、服务预期、技术质量、过程质量、顾客特征、行业特征和顾客抱怨等其他驱动因素（陆娟，2005）。陆娟、芦艳和娄迎春（2006）的研究表明：服务质量、顾客价值、顾客满意是驱动服务忠诚的三个最重要因素。顾客满意直接驱动服务忠诚，顾客价值在直接驱动服务忠诚的同时，通过顾客满意间接驱动服务忠诚，而且无论是从对服务忠诚影响的广度（影响的维度数）还是影响的深度（影响的强度）来看，顾客感知价值都是驱动服务忠诚最关键的因素。而服务质量通过顾客价值和顾客满意间接驱动服务忠诚，对服务忠诚的直接驱动不显著；服务质量、顾客价值和顾客满意对服务忠诚不同维度的驱动机理及影响程度各不相同。

　　有些学者只对服务忠诚核心要素中的其中一项或两项与服务忠诚之间的关系进行了深入研究，如，范秀成、郑秋莹、姚唐和穆琳（2009）对满意与服务忠诚之间的关系作了系统的分析后发现，满意对行为忠诚的影响不像对态度忠诚的影响那么稳定。李纯青、赵平和马军平（2007）以零售业为背景，对回报计划感知价值与态度忠诚（信任和承诺）和行为忠诚（重复购买意图、正面口碑意图及合作意图）之间的关系进行研究后发现，回报计划感知价值与态度忠诚呈显著的正相关关系；回报计划感知价值与行为忠诚中的重复购买意图呈显著的正相关关系，而与合作意图及口碑意图并无直接关系。王海忠、于春玲和赵平（2006）通过收集 7 家中资银行在全国 50 个城市的1789 个零售顾客的服务质量、满意度和顾客忠诚度数据后的研究发现，服务态度、服务效率等过程质量比服务网点、服务设施等技术质量对顾客满意的影响效用更大；银行形象和品牌塑造有助于提升顾客满意度；服务质量和银行形象直接影响顾客满意度，并经由顾客满意度影响忠诚度；服务的技术质量直接影响顾客忠诚度。郑兵、董大海和金玉芳（2008）探察了第三方物流客户满意的七个前因，采用"直接测量感知期望差"的物流服务质量测量方法，在服装行业进行了实证研究。他们的研究发现，误差处理质量对满意度的影响最大，证明了灵活性和便利性也是顾客满意的直接前因，并在前人的研究成果的基础上再次证明，时间质量、人员沟通质量、订单完成质量、误差处理质量和货品运送质量是顾客满意的直接前因。

　　范秀成和张彤宇（2004）认为，顾客参与是个行为概念，很多服务都必须有顾客的参与才能进行。他们对顾客参与与企业的绩效之间的关系作了研究，构建了它们之间的关系模型（见图 2.20）。他们认为，顾客参与对服务的绩效的影响包括直接和间接影响两种途径，并认为，它对企业绩效所起的直接作用表现在四个方面：①有利于提高企业的生产率；②有利于协调供求关系；③有助于提升服务价值；④有利于开拓新的利基市场。顾客参与对企业绩效的间接影响则表现为：①驱动服务质量；②降低服务获取成本；③驱动顾客满意。

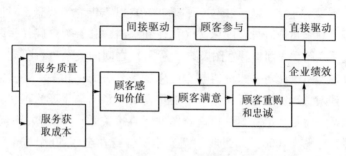

图 2.20　顾客参与影响服务企业绩效的综合模型

资料来源：范秀成，张彤宇. 顾客参与对服务企业绩效的影响 [J]. 当代财经，2004（8）.

有些学者还研究了其他因素与服务忠诚及其核心前置因素之间的关系，如蒋廉雄、卢泰宏（2006）等学者针对企业形象与服务忠诚之间的关系作了研究，发现企业形象与服务忠诚及其前置因素的关系：服务质量、感知价值、顾客满意等因素之间存在比较明显的相关性。高充彦、贾建民和赵平（2006）对我国主要商业银行的服务质量及其构成属性进行统计比较分析后发现，服务期望与感受差异是决定顾客满意度的主要因素，而在各质量属性中，服务态度对顾客满意度的影响程度最大，其次是整体形象、安全保障和服务效率。王霞和赵平（2005）从顾客价格容忍度的角度研究了顾客满意为企业带来的效益，并进一步比较不同品牌的产品，顾客满意对价格容忍度影响的差异。他们的实证研究表明，顾客满意、产品质量和服务质量对价格容忍度均有显著的正向影响；品牌的服务质量越高，顾客满意对价格容忍度的影响越大。于春玲、王海忠、赵平和林冉（2005）实证研究了中国不同区域的消费者品牌忠诚驱动因素的差异。他们的研究结果显示，在现代性水平较高的区域，象征性和体验性价值对促成品牌忠诚起主要作用；而在现代性水平较低区域，功能性价值成为品牌忠诚的主要驱动因素。他们的研究结论对于深入理解中国这个新兴大市场的多样化消费行为，对企业制定差异化品牌策略都具有重要的参考价值。曹花蕊、范秀成和王莹（2008）探讨了服务质量和顾客感知价值关系的普遍性及民族文化对两者关系影响的一般规律，结果显示，两者关系具有普遍性，在权力距离高、集体主义、男性化和非欧洲文化中两者的关系增强。宋晓兵、董大海、于丹和刘瑞明（2007）基于理性行为理论（TRA）构建了消费者品牌购买倾向的理论模型，并在首次购买和重复购买两种情形下对该模型有效性进行了检验。他们的研究结果表明，对于购买某品牌快餐行为来说，行为态度和主观规范是品牌购买行为倾向最直接的前因，而主观规范是比行为态度更强的行为倾向的预测变量；品牌态度会通过影响行为态度进而影响行为倾向，品牌声誉通过影响主观规范进而影响行为倾向，品牌声誉对品牌态度的形成也有显著的影响。陈晔和白长虹（2009）从顾客角度出发对高接触型服务行业中顾客价值的驱动要素进行探索，提出了一个顾客价值驱动要素模型，同时比较了保险、银行和美发三类高接触型行业中顾客价值驱动要素的顾客感知差异。李东进、杨凯和周荣海（2007）探究了感知价值、顾客满意、转移成本和消费时间间隔4个因素对重复购买意向的影响。结果发现感知价值、顾客满意、转移成本对重复购买意向有正相关关系，而消费时间间隔对重复购买意向并无显著的影响关系。同时，感知价值与顾客满意之间存在正向的影响关系，转移成本与顾客满意之间并不存在显著的影响关系。

（二）关系营销观

汪涛、曹子夏（2007）以金融业为调查对象，对关系营销中的关系压力及其对忠诚的影响进行了研究。他们的研究发现了服务企业与消费者关系中的一种风险因素——关系压力，并通过分析顾客在交易关系中的压力，以及造成压力的来源，揭示了顾客不忠诚于企业所极力塑造的关系的缘由。汪涛、郭锐（2006）通过以美容院为实证研究，分析了商业友谊与关系品质和顾客忠诚的影响。他们的研究发现，商业友谊在把满意的顾客培养成忠诚的顾客的过程中具有积极的调节作用。田阳、王海忠和陈增祥（2009）把消费者对品牌的信任划分为可信性和善意，并探讨了公司形象的能力和社会责任两个重要维度通过信任对购买意向的影响机制。他们的研究发现，公司能力和企业社会责任都能通过可信性和善意影响消费者对产品的购买意向；除间接影响外，公司能力可以直接影响消费者购买意向，但企业社会责任对购买意向没有直接影响；公司能力偏重于影响信任的可信性，企业社会责任偏重于影响信任的善意。赵冰、涂荣庭和符国群（2007）对服务失败情况下的消费者信任作用进行研究后发现，消费者信任是消费者经历服务失败之后影响其转换意向的关键因素。罗海成和范秀成（2005）研究了心理契约与顾客信任、顾客承诺、顾客忠诚之间的关系，发现心理契约对后三者都具有显著的直接或间接影响，证明了企业与顾客之间建立的心理契约对顾客忠诚的形成过程构成了显著性的影响。

（三）综合观

杜建刚、范秀成、冯天俊（2009）对动态营销范式下中国服务业顾客满意形成机制进行研究时，针对服务质量、顾客信任、感知价值、顾客承诺和总体满意之间的关系进行了比较深入的探索。他们把服务质量分成硬质量和软质量，把顾客信任分为对销售员的信任和对服务商的信任，并进而研究这些变量与服务商口碑、感知价值、顾客承诺之间的复杂关系；全面地揭示了消费者整体满意形成的内在因素。他们的研究验证了感知价值和顾客承诺的中介作用，服务质量（硬质量、软质量）和顾客信任（销售员信任）分别通过感知价值和顾客承诺对满意产生影响，进一步清晰和明确了消费者满意度的形成机制。范秀成和刘建华（2004）通过实际调查，分析了服务质量的结果质量和过程质量这两个维度对顾客满意度和重购意愿的影响，并探讨了顾客关系和信任感在服务评价和顾客反应方面的作用。他们的研究发现，服务过程和服务结果间存在交互作用，顾客关系对服务质量的影响发挥着调节功能，信任感经由服务结果而影响顾客的反应。陈明亮（2003）提出了一个描述客户忠诚与其决定因素之间关系的综合理论模型，认为客户认知价值、客户满意、客户信任和转移成本是客户忠诚的四个决定因素。其中，客户认知价值是对客户忠诚有着最大影响的核心决定因素。而且在这几个忠诚决定因素之间存在一定的相关性。客户满意与客户认知价值正相关，客户信任与客户满意正相关，转移成本与其他因素不相关。很明显，按照模型中各因素的关系，该观点与 Chaudhunri 和 Holbrook（2001）所提出的价值、信任与忠诚的关系观是一致的。汪纯孝、韩小芸、温碧燕（2003）也对顾客满意感与各类忠诚感之间的关系进行了实证研究。他们的研究结果验证了 Oliver（1999）对忠诚的细分，认为顾客的认知性忠诚感、情感性忠诚感、意向性忠诚感和行为性忠诚感是顾客忠诚感二阶因子的子因子；顾客满意感是忠诚感的前提性因素。另外，服务的公平性、服务质量、顾客与企业之间的友谊、顾客的信任感、归属感也对顾客的忠诚感有直接或间接的作用。但他们没有对顾客价值在忠诚中的作用及其与其他因素之间的关系进行研究。罗海成（2005）以心理契约为联结点，将服务管理和关系营销两个学派结合起来，以复合的观点对服务忠诚加以考察，在感知价值、顾客满意、心理契约、顾客信任、顾客承诺、服务忠诚等概念之间构造了一个整合模型。通过运用结构方程的分析方法，以美容业和维修业的顾客为实证调研对象，他对其所构建的研究模型进行了实证检验。他的研究发现，在这两个行业中，心理契约是服务忠诚的重要前置因素，是联结服务管理学派和关系营销学派的重要的传承点。他的研究发现，感知价值对服务忠诚确实存在着影响，但这种直接或间接影响却会因为行业的不同而存在直接或间接的影响差异；顾客信任和承诺与服务忠诚之间也存在复杂的影响关系。谢春昌（2007）对服务营销标准化条件下的服务忠诚形成机制进行了比较系统的研究后发现，服务忠诚是由企业品牌形象、服务质量、感知价值、顾客满意和信任等多种因素共同作用的结果。谢春昌、焦晓波、郑贤铭（2009）针对服务创新的服务忠诚形成机制进行探索后发现，服务创新对服务忠诚的作用分别通过服务质量和感知价值来实现，服务质量和感知价值都对服务忠诚具有直接的正向作用。

陈明亮（2003）提出了一个描述客户忠诚与其决定因素之间关系的综合理论模型（如图2.21），认为客户认知价值、客户满意、客户信任和转移成本是客户忠诚的四个决定因素。其中，客户认知价值是对客户忠诚有着最大影响的核心决定因素。而且，在这几个忠诚决定因素之间存在一定的相关性。客户满意与客户认知价值正相关，客户信任与客户满意正相关，转移成本与其他因素不相关。很明显，按照模型中各因素的关系，该观点与 Chaudhunri 和 Holbrook（2001）所提出的价值、信任与忠诚的关系观是一致的。

汪纯孝、韩小芸、温碧燕（2003）也对顾客满意感与各类

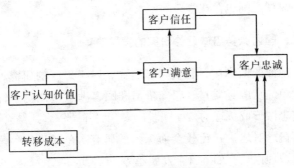

图 2. 21　客户忠诚理论模型

资料来源：陈明亮. 客户忠诚决定因素实证研究 ［J］.

管理科学学报，2003（5）：72-78.

忠诚感之间的关系进行了实证研究。他们的研究结果验证了 Oliver（1999）对忠诚的细分，认为顾客的认知性忠诚感、情感性忠诚感、意向性忠诚感和行为性忠诚感是顾客忠诚感二阶因子的子因子；顾客满意感是忠诚感的前提性因素。另外，服务的公平性、服务质量、顾客与企业之间的友谊、顾客的信任感、归属感也对顾客的忠诚感有直接或间接的作用。但他们没有对顾客价值在忠诚中的作用及其与其他因素之间的关系进行研究。

　　罗海成（2005）以心理契约为联结点，将服务管理和关系营销两个学派结合起来，以复合的观点对服务忠诚加以考察，在感知价值、顾客满意、心理契约、顾客信任、顾客承诺、服务忠诚等概念之间构造了一个整合模型。通过运用结构方程的分析方法，以美容业和维修业的顾客为实证调研对象，对其所构建的研究模型进行了实证检验。他的研究发现，在这两个行业中，心理契约是服务忠诚的重要前置因素，是联结服务管理学派和关系营销学派的重要的传承点。他的研究发现，感知价值对服务忠诚确实存在着影响，但这种直接或间接影响却会因为行业的不同而存在直接或间接的影响差异；顾客信任和承诺与服务忠诚之间也存在复杂的影响关系。

二、国内服务忠诚理论研究的发展趋势

从前面的回顾中，我们可以看到，对于忠诚的研究，大多已经从单纯从服务质量、感知价值和顾客满意这些交易性概念来研究忠诚形成机理的角度摆脱出来，而开始较多地结合信任、承诺等概念对之进行比较全面深入的研究。总的说来，国内的服务忠诚理论具有如下三个发展趋势：

一是结合各行业的特点和地区差异等差异化因素，深化服务忠诚与其前置因素之间的关系研究，或者把服务忠诚及其前置因素的概念维度加以细化，分析这些维度之间的关系（范秀成，杜建刚，2006；范秀成，郑秋莹，姚唐，等2009）。

二是开展新型服务业的服务忠诚研究，如：电子商务等的服务忠诚及相关研究（申文果，谢礼珊，张秀娟，2007；张龙，鲁耀斌，乔永忠，2009）。

三是对服务忠诚加以分类，并根据不同类型服务忠诚的特点，探索其形成机制。如间断性服务忠诚（陆娟，芦艳，2007）、多忠诚（曹忠鹏，周庭锐，陈淑青，2009）的研究。

三、国内外相关研究文献简评

第一，重视搜寻性、体验性线索在服务忠诚形成中的作用，忽视其在不同服务中的价值，忽视信任式服务的特点，导致许多研究的结论存在明显差异。

现有的服务忠诚理论都无一例外地没有区分搜寻性、经验性和信任性服务在忠诚影响因素及其作用机制上的差异，而以能为顾客所感知到的线索或体验因素为依据，归纳、探索服务忠诚的驱动力及其作用机制。因此，不但形成了服务忠诚形成机制的交易管理观、关系营销观和综合前两者的综合观，而且

这些观点内部也常常出现研究结论差异明显的现象。人们较多关注服务的搜寻性和经验性特征，对其信任性特征关注较少，而在信任性服务中，像信任这样的隐性因素的作用是巨大的。而且，这些因素往往有很强的文化差异性。虽然一些学者，如Ball，Coelho 和 Machas（2004）认识到了顾客并不可能总是具备判断服务质量与价值的能力，还提及信任的作用，但也未作进一步的深入研究。即使较为科学全面的服务忠诚的综合观也仍把信任看作是服务过程中的有形线索或顾客体验的产物，是对服务忠诚具有一定作用的因素之一，而不是其核心的影响因素；信任仍带有强烈的搜寻性或经验性服务的特征，并没有人从信任性服务的角度来审视信任及其在服务忠诚形成中的独特性作用。这就导致有些学者即使对同类的信任性服务企业作研究，其结论却也相去甚远。

第二，基于服务过程观的服务忠诚研究比较丰富，但未对之进行服务类型的差别分析。

许多学者在研究服务忠诚时都把服务看作过程，并对其中的服务互动、服务环境在服务忠诚形成中的作用进行了研究，其中很多都是以市场营销或服务营销的组合因素作为前置自变量进行的分析，探索它们对服务忠诚及其前置因素的影响。然而，目前的这些研究也存在一些不足，这主要表现在研究过程中并没有根据不同服务类型的特点采取有针对性的对比研究，以观察这些结果在不同服务类型中的普适度。毕竟，与有形产品不同，服务涉及的范围极广，不同类型服务之间的差异巨大，对不同类型的服务的忠诚展开研究是必要的。

本研究将从服务的过程性特点出发，从服务过程中的服务人员与顾客的互动、服务的环境和服务的结果这三个几乎所有服务都具有的共同性的角度对不同服务类型的顾客忠诚展开研究，对比不同类型服务的顾客忠诚形成机制，试图解答目前服务忠诚研究文献中的许多矛盾结论的问题。

本研究依据搜寻性服务、经验性服务和信任性服务的分类（罗海成，2005；谢春昌，2007），从服务的过程性的角度对不同类型服务的顾客忠诚形成机制展开比对研究，以探明它们之间是否存在差异，从而为不同类型服务的顾客忠诚培养提供较具有针对性的理论支持。

第三章　基础理论

第一节　服务特性理论

一、服务概念

对服务特性的认识，离不开对服务概念的理解，要对服务的特性具有较深入的认识，就必须首先明确服务的概念。传统服务特性观及其反对观点都是基于"轶事"而提出的（Lovelock和 Gummesson，2004），缺乏理论的分析与推导，说服力有限，大多缺乏实证检验，更没有人从服务本身的性质的角度，从理论上加以逻辑论证。本研究拟从服务概念出发，从理论上对服务特性展开阐述与分析。

在服务营销领域，学者们从不同的角度对服务进行了界定。大部分服务概念都强调服务是行为、过程和表现（Lovelock，1991；Zeithaml，Bitner，2003）。如美国市场营销学会（AMA）把服务定义为："用于销售或同产品一起进行销售的活动、利益或满足感"（1960），后来又进一步作了补充和完善，把服务定义为"可被区分界定，可使欲望得到满足的不可感知的活动"。Regan（1963）认为，服务是"直接提供满足或者与有形产品或其他服务一起提供满足的不可感知的活动"。Stanton（1974）认为，"服务是为顾客提供满足感，但并非必须与产品一起销售，可以被独立地加以识别的不可感知的活动"。Gustafsson 和 Johnson（2003）指出，服务组织应该创造为顾客解决问题或提供独特经历的相互联系的一系列活动。

Gronroos（1990）认为，"服务是指或多或少具有无形特性的一种或一系列活动，通常但非必须地发生在顾客与服务的提供者及其有形资源、商品或系统的相互作用的过程中，以解决消费者的有关问题"。Gronroos 等学者在 2001 年的研究中，再次强调了服务的过程特性，把服务定义为"在顾客与服务员工之间发生的交互活动或者过程"。在众多服务定义中，Gronroos 在 1990 年提出的服务定义被认为比较全面且深刻地揭示了服务的内涵而得到营销学界的普遍认同。

在众多的服务概念中，服务的过程性、活动性、利益和消费者的满足得到了人们普遍关注。也就是说，服务实际上就是使服务所承载的利益得以传递，从而实现消费者问题的解决，并获得满意感的活动过程。

二、服务特性

20 世纪 80 年代以来，服务营销的基本范式就是服务与商品（即有形产品）的差异。为把服务与商品相区别，确立服务的独特地位，早期的服务营销理论研究者概括了许多被认为可以用来区分服务和商品的特性（Lovelock 和 Gummesson，2004），包括无形性、异质性、生产与消费的不分离性和易逝性、所有权的不转移性、基于客户的关系和顾客接触等（Edgett 和 Parkinson，1993）。其中，前四个特性后来为人们广泛接受，并被称为服务特性的 IHIP 范例，甚至成为服务特性的代名词。

Sasser 等（1978）最早同时提及服务的无形性、异质性、生产与消费的不可分离性和易逝性这四个特性。Zeithaml 等

（1985）在文献回顾的基础上比较早地接受了他们的服务特性观，并被后来的学者所广泛引用。在文献中，学者们从不同角度对这个范例作了探索。

（一）无形性

无形性被认为是服务与商品之间的主要区别，也是服务文献中研究者们提及、讨论得最多的话题，是服务的最为关键的特点（Zeithaml，等，1985），甚至是唯一的特性。可以说，服务的其他特性都起源于它（Bateson，1979）。在有些学者看来，无形性就是指服务提供者所提供的服务（Moeller，2010）。

Bateson（1979）把服务的无形性细分为物质无形性和精神无形性。前者指无法触及或感触不到的情形，后者指无法从精神上加以领会。McDougall 和 Snetsinger（1990）试图使精神无形性操作化，把它称作是"产品在购前能被形象化并提供一个清晰和具体图像的程度"。Laroche 等（2001）认为无形性还具有第三个维度，即一般化，包括感觉上是否可接近，是抽象还是具体，一般化还是具体化，并开发了问卷来测度这三个维度。

（二）异质性

服务的异质性指服务在传递过程中的可变性高（Zeithaml，等，1985），不能被完全复制（Cadeaux，2008）。因此，服务是难以标准化的（Edgett 和 Parkinson，1993）。在现有的研究中，异质性被与服务的不同方面相联系：服务结果、不同生产者或个人的生产活动（Iacobucci，1998）、经过一段时间的生产活动（Zeithaml，等，1985）和顾客与服务企业之间资源的交换过程（Moeller，2010）等。而且，异质性被认为与顾客在服务传递过程中的异质的参与有关，是由顾客所拥有的资源，如身体、财物、知识经历等的差异引起的（Moeller，2010），并带来了质量问题（Lovelock 和 Gummesson，2004）。对于劳力密集型的服务来说，异质性更是明显，因为这种服务是由人来传递的，而人的表现总是在变化之中（Pride 和 Ferrell, 2003），不但不同服务人员之间的行为表现难以标准化，而且，同一服务人员与不同顾客交往时也会因为顾客和时间的不同而存在差异（Sasser, 等，1978）。增加服务表现差异的其他因素还包括服务场景中的其他顾客和外部环境的可变性，如天气、拥挤度和服务地点的差异等（Lovelock 和 Gummesson, 2004）。

（三）不分离性

所谓不分离性是指服务的生产、传递和消费同时发生（Zeithaml, 等，1985）。顾客常在服务现场，甚至参与到服务的生产过程中，因而，消费者对服务的表现和质量都会发生影响。

生产与消费的不分离性与人际交往和服务接触概念有关，涉及顾客资源与服务企业资源的转换过程（Moeller, 2010），包括顾客在服务现场，顾客作为合作生产者的角色，顾客与服务人员、顾客与顾客之间的相互作用等，并构成了区分服务和商品的关键属性（Lovelock 和 Gummesson, 2004）。

（四）易逝性

易逝性是指服务不可能储存起来以备将来之用（Pride 和 Ferrell, 2003），即服务不能储存。这是因为服务具有很强的时间依赖性（Onkvisit, Shaw, 等，1991）。Edgett 和 Parkinson（1993）等学者主要从生产者的角度强调了服务易逝性。对于服务来说，储存与服务的生产能力的闲置有关（Solomon 和 Stuart, 2003）。因为服务的生产能力是不可储存的。因此，易逝性主要是为服务提供者所关心，消费者只有在服务供应不足，必须等待时才会意识到这个问题。也有些学者从顾客的角度指出服务表现是易逝的，且只能在生产时存在（Zeithaml, 等，1985）。

尽管 IHIP 服务特性范例成为了服务特性理论的主流观点，在服务理论领域占据着统治地位，但是，学者们并没有就此停止对服务新特性的探索。早期的服务营销研究者提出的一些不

同于 IHIP 的特性观也常被后来的一些学者再次提及，如：Judd
（1964）所提出的服务所有权不转移性这一服务特性得到了
Lovelock 和 Gummesson（2004）等的再次强调，并被后者看作是
服务的不容忽视的唯一特性。更多的学者则对服务的 IHIP 特性
进行了拓展性研究，提出了一些其他的服务特性，如：Haywood
（1988）等从服务质量管理的角度，在 IHIP 特性的基础上增加
了劳动密集性、服务过程定制化和顾客参与程度等特性。随着
电子科技的发展，电子化环境中的服务特性引起了一些学者的
注意，并展开了积极的探索。有些学者从服务的电子渠道与服
务传播的角度对服务的特性展开研究，提炼出了服务产品数字
化等新的服务特性（Cho，2005）。但由于这些新提出的服务特
性大多只是揭示了某些种类服务的特性，并不具备明显的整体
服务的普适性，它们并没有得到服务理论界的广泛接受。

（五）服务的过程性

根据已有的研究，无论是哪一种服务特性，如果没有从服
务是过程的角度来分析，都不能比较准确地说明服务的特点。
服务的定义也表明，服务是过程，是活动。活动的本质在于其
是过程，因此，服务的基本特性，也是最为根本的特性是过
程性。

服务正是通过服务过程实现服务利益的传递来满足消费者
的服务需求的。服务过程性表明，服务也总是在一定的环境中、
情形中发生并发展、结束，并得到最终的服务结果的。因此，
根据服务的过程性，可以推导出服务具有服务的过程、服务的
环境和服务结果三个基本的构成要素。

服务过程是服务供需双方互动的时间流程，具有时间的节
点连续性，也可以把这种时间的流程称为时间的延展，服务得
以在这种时间的延展中开展，完成服务的任务，实现服务的目
标，得到服务的结果。服务供需双方的互动既可以是服务人员

与消费者之间的直接的、面对面的互动，也可以是彼此之间的间接的、非面对面的互动；服务供需双方的互动还可以是人机互动，因此，服务的过程的实现可以通过各种各样的方式实现。消费者正是在这些服务互动中感受到服务的质量、服务的价值，获得相应的情感评估。

综观服务的无形性、异质性、不分离性、易逝性等主流服务特性 IHIP，无论它们是如何划分、界定的，其实都是服务的过程性的反映，是服务过程的具体表现。任何服务的研究工作都不应忽视服务的过程性，而应以服务的过程性为核心，针对其中的服务供需双方的互动展开研究才能找出其中的规律。

服务的环境为服务活动的开展提供了空间，是服务活动的各种物质、文化的支持系统的总称。服务总是依赖于一定的有形和无形的环境才能得以开展。有时，对于有些服务，例如旅游服务，服务环境本身就是服务利益的核心所在。有些服务则主要是依赖于服务设施来完成服务的，如交通运输类服务，因此，服务环境因素是服务不可或缺的构成部分。

服务的最终结果决定了服务结束后消费者所获得的最终的利益状况。服务的结果可能是有形的产品，如超市提供的商品售卖服务；也可能是消费者的服务感受，如按摩服务；也可能是消费者的变化，如医疗服务。这些服务结果并不是绝对地分离的，很多时候物质的、有形的服务结果与无形的服务结果是结合在一起的，完全独立的服务结果并不多。

第二节　服务分类理论

随着服务业的迅猛发展，越来越多的新型服务正在涌现，服务也越来越复杂，越来越多样化。现代服务业已经成为推动全球经济增长的最为重要的力量之一。面对服务的复杂性和多样性,为了更为清晰地了解服务,从而更好地为服务实践提供支持,一些学者从各自的角度对纷繁复杂的服务进行了分类,归纳出了多种服务类型。这里简要介绍几种常见的服务分类。

一、根据服务过程中顾客的参与程度的分类

有些学者根据顾客在服务过程中的参与程度把服务分为高接触度、中接触度和低接触度的服务。

(一) 高接触度的服务

这类服务是指在服务过程中顾客参与其中的全部或大部分服务活动。这种服务通常要求服务供需双方面对面接触,服务过程才能得以顺利开展,如娱乐场所、电影院、公共交通、医疗服务和学校等组织所提供的服务。高接触度服务并不等同于顾客与服务设备的接触不重要。相反地,服务设备为传递高质量的服务提供了重要的支持,如顾客与服务的有形资源和服务支持系统的接触。

(二) 中接触度的服务

中接触度的服务是指顾客只是局部地或部分地参与到服务中去,并不要求顾客在服务中全程参与,如律师、银行、地产经纪人等提供的服务。

(三) 低接触度的服务

这类服务中,顾客与服务提供者的直接接触较少,服务供需双方的接触往往是借助于服务设备等服务支持系统来完成的,如邮电、信息服务业所提供的服务。

二、从服务营销战略的角度进行的分类

这种分类比较多,不同学者的观点并不完全一致。如,Liisa Valikangas 和 Lehtinen (1994) 从服务营销战略的高度对服

务进行了分类，认为服务可以分为普通型服务、定制化服务和专门化服务三大类。Patterson 和 Cicic（1995）以服务的无形化程度和服务传递过程中与顾客"面对面接触程度"为维度，构建服务的概念框架并以此为基础把服务企业分为四类：地点不限的专业化服务、地点受限制的定制化服务、增值定制化服务和标准化服务。Kotabe 和 Murray（2006）把服务企业分为"纯"和"非纯"的两类服务公司。前者提供纯粹的服务，后者则将服务与有形产品相结合。Lovelock 和 Yip（1996）把服务分为作用于人体的服务、作用于顾客资产的服务和信息服务三大核心服务。在核心服务外，还有八种附加的服务，即信息、订单处理、开账单、付款、咨询、招待服务、保管服务、例外服务。他们形象地把核心服务与这八种附加服务之间的关系用花的形式表现出来，核心服务是花蕊，而八种服务是花瓣。

三、根据服务供需双方的信息不对称程度进行的分类

在众多服务分类中，以服务供需双方信息不对称理论所做的服务分类得到了西方服务营销理论界的广泛采用。根据服务的信息不对称理论，服务可以分为搜寻式服务、经验式服务和信任式服务三大类。

搜寻式服务是指消费者能在购买或消费服务之前就比较准确地对服务的质量和价值等做出比较客观评价的服务（Lovelock，2001），如超市购物服务等。经验性服务是指消费者在服务前难以判断服务的质量，但可以通过消费者的亲身体验，在服务过程中对质量加以判断的服务（Ostrom，Iacobucci，1995；Zeithaml，1981），如按摩、美容美发、游戏娱乐等。信任性服务是指那些消费者在购买、消费前并不能预先判断服务质量，在消费服务之后也都难以较准确评判服务的质量，而需要更多地依赖于消费者对服务提供者的信任来评估质量的服务

（Ostrom, Iacobucci, 1995；Zeithaml, 1981）。一般来说，专业性较强，消费者缺乏相应的知识和能力的服务都属于信任性服务，如教育培训、律师咨询服务和某些医疗服务等。

无论是搜寻式服务、经验式服务，还是信任式服务，人们在分析、探索服务的各种现象和规律时都会提出服务区别于有形产品的四大特性，即无形性、异质性、不分离性和易逝性，很多人还会提及服务的所有权不转移特性。

第三节　服务营销组合理论

一、传统的 4P 营销组合理论

营销组合是指在寻求某种市场反应时的一种有效的因素的综合体（Walter 和 Christophe，1992）。它是企业所采取的试图影响顾客行为的政策和程序（Livesey，1971）。这个概念早在 1953 年，Neil Borden 就在 AMA 的会议上多次提及（Walter 和 Christophe，1992）。另外，一些学者则把营销活动加以归纳分类，归结为更为简便易记的系统化的形式，而只有 McCarthy 的 4P 营销组合被流传至今，为人们广为接受。他的 4P 指产品（Product）、价格（Price）、渠道（Place）、促销（Promotion）。这里，促销包括了广告、人员销售、公众活动（Publicity）以及销售促进。大概是由于 McCarthy 的 4P 归纳十分简练易记，又抓住了营销中主要的精髓，而且实用，该归类成为营销文献中最常用的分类，并受到营销实践界的广泛接受。McCarthy 的 4P 可以称为传统的分类（Walter 和 Christophe，1992）。

二、服务营销组合理论

McCarthy 的 4P 是针对有形产品提出的营销组合，也主要适用于有形产品。服务是一方能够向另一方提供的基本上是无形的任何的活动或利益，而且并不导致任何所有权的产生。它的生产可能与某种有形产品相联系，也可能与之毫不相关（Kotler, 1999）。由于服务自身的特殊性，如无形性、异质性、易逝性、生产与消费的同时性以及所有权的不转移等特点，服务与有形产品相比，其营销活动具有鲜明的特殊性，两者间具有本质的不同。因此，原有的4P营销组合并不完全适用于服务业。

针对服务业的特殊性，1981年Booms和Bitner提出了一个适用于服务业的扩展的营销组合（Expended Marketing Mix）。该营销组合除了传统的4P外，根据服务业的特点，增加了三个新的营销组合因素，即有形展示（Physical Evidence）、人员（Participants）和过程（Procedures）。Lovelock（2001）也认为，由于服务更像是一种表演，服务的表演与实体产品有本质的区别。在服务中，顾客参与服务生产，服务时间起着重要的作用。因此，服务的管理应在原有的4P的基础上加上其他的要素。他提出了一个8P的整合服务管理模型。这8个要素为：产品要素（Product Elements）、地点、虚拟空间和时间（Place, Cyberspace and Time）、过程（Process），生产率和质量（Productivity and Quality），人员（People），促销和教育（Promotion and Education），有形展示（Physical Evidence），价格与其他使用者成本（Price and Other User Costs）。显然，Lovelock（2001）的8P模型与Bomms和Bitner（1981）的7P要素并无大的差异。人们通常把这七个因素称为服务营销组合的七个P（如表3.1所示）。

表 3. 1 　　　　　　　　　服务的扩展营销组合

产品	地点	促销	价格
实体商品特性 质量水平 附属新产品 包装 保证 产品线 品牌	渠道类型 商品陈列 中间商 店面位置 运输 仓储 管理渠道	促销组合 销售人员 数量 挑选 培训 激励 广告 目标 媒介类型 宣传 促销活动 公共关系	灵活性 价格水平 期限 区别对象 折扣 折让
人员	实体设施	过程	
员工 招聘 教育培训 激励 奖励 团队 顾客	设施设置 设备 招聘 员工服装 其他有形物 报告 名片 声明 保证书	活动流程 标准化 定制化 步骤数目 简单 复杂 顾客参与	

资料来源：Valarie A. Zeithaml，Mary Jo Bitmer. Service Marketing：Integrating Customer focus Across the Firm，2nd ed. McGraw-Hill Education，2000：26.

虽然服务的七个 P 中，也包括了传统的原有的 4 个 P，但这四个 P 的含义与原来的含义却有所不同。服务中的第一个 P（Product），即产品，主要是指核心的服务，而主要不是指有形产品。当然，在以一定的服务附属产品作支撑的服务中，这里的产品即 Product，也包括这些附属的产品。服务中的第二个 P（Price），即价格，与有形产品中的价格含义是很相近的。但也带有服务业自身的特点。因为，此时的价格主要不再是有形产品的价格，而是指服务或利益的价格。显然，这种价格因其附着主体的无形性、异质性、易逝性等服务特性，使其具有较大的评估难度。服务中的第三个 P（Place），即渠道，则也因其产品的无形性等特点而与有形产品的渠道相比，存在本质上的差别。服务中的第四个 P（Promotion），即促销，因为服务企业所促销的是无形的服务或利益，促销的方式会与有形产品的促销方式存在很大的不同，难度也大大增加。

针对服务业提出来的有形展示（Physical Evidence）、人员（Participants）和过程（Procedures）则更为集中地表现了服务的特点。

有形展示（Physical Evidence）是指服务提供的环境、企业与顾客接触的场所和所有利于服务进行和沟通的有形要素。服务的有形展示包括服务的所有表现形式，例如小册子、公司信笺、名片、报表、招牌以及服务的设备。在有些情况下，服务的有形展示还包括服务提供的有形展示，如储蓄所的设施。有时候，有形展示可能并不重要。但是，在这种情况下，服务的其他有形因素可能会成为服务质量的重要信号。特别是当顾客很难判断服务的实际质量时，他们会根据这些有形的线索来做出质量的判断。有形展示提供了传递有关组织目标，希望进入的目标细分市场和服务性质方面的有力而一致的信息的机会（Zeithaml 和 Bitner，2000）。

人员（People）是指参与提供服务活动并影响顾客感觉的所有人员，包括企业的员工、顾客自己以及在服务环境中的其他顾客（Zeithaml 和 Bitmer，2000）。服务提供过程中的人都对顾客认识服务的性质提供了重要的线索。他们的衣着、个人外表、态度和行为都会影响顾客对服务的感知。其中，服务提供人员或与顾客接触的人员最为重要。对于某些服务，如顾问、咨询服务、教练以及其他关系的专业服务，提供者本身就是服务。在其他情况下，与顾客接触的人员可能在服务提供中发挥相对较小的作用。如电话安装人员、航空行李包搬运工或设备发运人员。但是，研究表明，这些提供者也可能成为对组织很关键的服务接触中的焦点。

在许多服务情境中，顾客本身也会影响服务的提供，从而影响、强化或弱化他人的对服务的体验（Zeithaml 和 Bitner 2000）。人参与服务过程是服务的重要类型之一。在许多情况之下，这些服务要求顾客自己成为服务生产过程中的一部分，这些服务往往都是生产与消费同步的（Lovelock 和 Yip 1996）。

过程（Procedures）是指提供服务的实际程序、机制和作业流，即服务的提供和动作系统。顾客所体验到的服务提供步骤或者服务的动作流也是顾客用于判断服务质量的依据。有些服务比较复杂，顾客需要经过一系列繁复的行动来完成整个过程。顾客提供服务的过程的另一个特征是，服务是生产线式的或者标准化运作的，还是授权给员工进行定制化运作的方法。服务的这些特征并无本质上的优劣好坏之分，关键在于这些特征是顾客用以判断服务的一种依据（Zeithaml 和 Bitner 2000）。

服务营销组合中的七个 P 都带有鲜明的服务的特色。它们一起反映了服务的无形性、易逝性、生产与消费的同时性等特点，共同支撑着服务企业的营销活动，各 P 之间相互融合，构成一个完整的整体。在不同类型的服务中，不同的 P 可能所起的作用有差异，呈现一种整体中的突显现象。但一般来说，大部分的服务都离不开这七个 P。

第四章　不同服务类型的顾客
忠诚形成机制研究

第一节　搜寻式服务的顾客忠诚形成机制研究

一、搜寻式服务的顾客忠诚形成机制理论假设与模型

　　根据服务提供者与消费者之间的信息不对称程度，服务可以被分为搜寻式、体验式和信任式服务三大类（Nelson，1970；Darbi，Karni，1973；Iacobucci，1992；Brush，Artz，1999；Zeithmal，Bitner，2000）。由于搜寻式、体验式和信任式服务所要求的资源和能力不同（Brush，Artz，1999；Ostrom，Iacobucci，1995），大量的研究都证明根据服务信息的不对称程度对服务进行细分，评估顾客对不同服务的评判是必要的（Ostrom，Iacobucci，1995；Brush，Artz，1999；McColl - Kennedy，Fetter，2001）。

　　根据目前的服务忠诚形成机制理论，服务质量、顾客感知价值、顾客满意和信任是服务忠诚的重要核心前置因素，特别是其中的前面三个因素几乎得到了各种服务忠诚理论的普遍认同（陆娟，2005）。而由于信任在信任式服务中被认为是个很重

要的因素，因此，本研究侧重从服务质量、顾客感知价值、顾客满意和信任这几个因素在各种不同服务类型的顾客忠诚中的表现展开探索，以分析不同类型服务的顾客忠诚在形成机制上的差异。

自 20 世纪 70 年代以来，服务质量就引起了人们越来越多的关注（Antony，Antony 和 Ghosh，2004），目前已经被认为是对服务企业具有关键性影响的因素（Shahin 和 Dabestani，2010）。因此，服务质量对于服务企业的重要性是不言而喻的。所谓服务质量是指顾客对于服务接触的优良性的评判（Zeithaml 和 Bitner，2003）。

根据服务的过程观，Brady 和 Cronin（2001）认为，无论是哪一种服务，消费者都会从服务的互动、结果和环境等各个方面去评估其所接受的服务，得到服务的总体质量估计值。从服务作为一种传递价值的过程性特点来看，服务的互动、服务的结果和服务所在的情境因素是评估服务传递质量和价值时不可忽视的因素。而根据服务企业营销运作的基本工具与手段来看，服务营销的服务产品（Service Product）、服务价格（Service Price）、服务渠道（Service Place）、服务分销（Service Promotion）、服务人员（Service People）、服务过程（Service Procession）和有形展示（Physical Evidence）这七个因素，即服务营销的七个 P 是服务企业易于操作且常借助的工具。因此，结合服务的过程性特征和服务营销的七个 P，探索不同类型服务的顾客忠诚形成不但利于服务忠诚理论的发展，也将有利于为服务营销实务界提供较为切合实践需要且具有较高操作性的建议。

（一）服务互动与顾客的服务评价

由于服务营销主要不是关于实物，而是关于活动和过程的营销（Solomon，Surprenant 和 Czepiel et al.，1999），所以，服务过程是服务营销中必须加以关注的重要方面。服务过程涉及对顾客在服务传递过程中的经历的设计和控制,包括发生服务传递时所必需的步骤、任务和机制(Booms 和 Bitner, 1981)。服务过程,尤其是设计良好的核心服务传递过程能为顾客提供优良的利益和较高的价值(O'Cass 和 Grace, 2003)。服务过程的结果就是顾客所得到的利益,事关顾客需求的满足与否,影响着顾客对服务的满意度。因而,改进服务的过程将能增加顾客的满意程度(Mayer, Bowen 和 Rmoulton, 2003);而服务过程设计不良,不便利,则会增加顾客的成本,导致顾客的背离(Keaveney, 1995)。

服务具有无形性、异质性、不分离性(即生产与消费的非同时性)、易逝性(即不可储存性)和所有权的不转移性等特性,而这些特性在不同的服务中的表现是不一样的。这导致了消费者在评价服务时,往往会采取不同的依据。在搜寻式服务,如干洗店、超市等的服务中,各种服务质量和价值的线索是比较明显的,消费者易于获得其所需要的服务评价线索。许多研究都证明了这些服务线索在消费者评判搜寻式服务的质量中的重要意义(Yi-Ching Hsieh 和 Shu-Ting Hiang, 2004)。

服务过程的一个重要内容就是服务接触问题。服务接触常被认为是顾客与企业之间的互动(Lovelock, 1988)。从顾客角度来看,服务接触则代表着服务企业的表现(Bitner, Booms 和 Tetreault, 1990)。在搜寻式服务中,服务营销组合的七个 P 中的服务人员和服务过程都与服务互动密切相关,成为消费者评价服务互动质量的重要因素。消费者可以通过与服务人员的互动,获得包括服务组织和其具体人员对待顾客的各种态度和行为模式等各种人际交往的质量和价值信息。这些互动信息既是有形的又是无形的,是通过有形的服务互动完成无形的服务利益传递的过程。因此,消费者能从这些有形的服务互动中感受到无形的服务互动质量和价值，并据此分析可能达到的服务结果的质量和价值。由于人际互动是形成人际关系的重要途径，这种人际关系的构建以彼此的信任为基础，因此，服务人员与顾客之间的这种服务互动还是构建服务人员与顾客之间信任并在此基础上形成良性关系的重要路径之一。Parsons（2002）的研究表明，服务中的人际互动和关系变量会对消费者与企业之间的关系产生重要的影响。他认为，人际变量是服务员工提供的，而关系变量则是建立在组织和顾客关系之上的各种变量。Shamdasani 和 Balakrishman（2000）的研究也表明，服务人员与顾客之间的互动对顾客与企业之间的关系质量具有显著的影响，而关系质量是构成总体服务质量的重要因素之一。在大多数的服务业中，服务都是在员工与顾客的接触中得以传递的。因而，员工对顾客的态度、行为会对顾客的质量感知、满意和行为起决定作用（Bowen，Schneider，1985；Pfeffer，1994；Yoon，Beatty，Suh，2001）。应该说，消费者在与服务人员的互动过程中获得服务的利益感知，服务人员的态度和行为表现等都给消费者评判服务质量提供了重要的线索。

谢春昌（2013）对标准化后的服务营销组合的七个 P 与服务忠诚之间关系的研究结果表明，服务人员在传递服务过程中的态度行为的标准化将对顾客的服务质量、价值等服务忠诚的前置因素具有重要的正向影响。李建州（2006）等人的研究也证明了这种关系的存在。结合到服务类型的特点，在搜寻式服务中服务的有形线索众多，消费者所处的服务情形与面对有形产品时的情境颇为相似，即消费者在购买、消费服务之前就比较清晰地了解服务的大概质量和价值等服务水平方面的信息。

根据服务过程中的互动对服务质量、价值和信任的影响推导，本研究假设：

H1：搜寻式服务中，服务人员与顾客之间的服务互动与顾客的服务质量感知正相关。

H2：搜寻式服务中，服务人员与顾客之间的服务互动与顾客的服务价值感知正相关。

H3：搜寻式服务中，服务人员与顾客之间的服务互动与顾客满意正相关。

H4：搜寻式服务中，服务人员与顾客之间的服务互动与顾客对服务企业的信任正相关。

（二）服务环境与顾客的服务评价

服务总是依赖于一定的环境，在一定的场所中完成的。服务环境涉及与服务的营销沟通相关的各种因素，包括服务的有形性因素，如服务的价格、服务环境的有形物质条件、服务人员的仪表仪态以及服务的广告等营销沟通中所涉及的有形性的部分。在搜寻式服务中，服务的附属产品往往是服务的核心构件，而这些服务的附属产品又是能为消费者所直接接触和了解的，所以，服务的附属产品是搜寻式服务的重要的环境因素之一。而比较隐晦的企业文化也成为服务环境的不可缺少的部分，成为服务环境的重要构件之一，影响着消费者对服务的评价。

前面对文献的回顾表明，许多服务忠诚研究文献都证明了服务的环境对顾客的服务评价的重要影响（Kaltcheva，Weitz，2006；Baker，Parasuraman，Grewal et al.，2002；Anja，Kichard，2005；Bitner，1992；Baker，Parasuraman，Grewal et al.，2002）。这些研究文献表明，服务企业的有形服务环境为服务质量和价值的评判提供了有形的线索依据。学者们认为这种以服务场景形式出现的服务环境的作用是多重的，包括包装作用、辅助作用、交际的功能和与竞争对手相区别的作用等（Zeithaml 和 Bitner，2000）。这些作用的具体的表现并不会完全相同，而会因为服务场景的不同设计而存在差异。

包括服务场景在内的服务的有形展示的各因素都为服务起

到了包装的作用。服务通过这些有形的包装，展示、传递服务所内含的信息。顾客也通过服务的这些外部的包装得以认识服务，感知服务，形成对服务企业的形象印象。

服务场景的设计有助于员工与顾客双方之间的交流，帮助传递相互所期望的作用、行为和关系等（Zeithaml，Bitner，2000）。服务场景的设计在一定程度上暗示了员工和顾客各自的角色和行为。在设计良好的服务场景中，无论是员工还是顾客都能比较轻易地找出自己的角色和所应处的方位。McDonald，De Chernatony 和 Harris（2001）把服务场景的这种暗示功能称为社会化功能，以帮助消费者明确其符合服务企业要求的行为方式。在服务过程中，由于服务企业员工和顾客都需要置身于服务场景之中，服务场景的有形展示成为影响服务企业员工和顾客之间交往质量的重要因素。良好的服务场景的设计能够促进在服务场景中的活动的顺利进行，而差强人意的服务场景设计则可能会阻碍活动的开展。因此，服务场景的设计情况的优劣会使顾客或员工的目标更为容易或更难以达到。服务企业的设计良好的功能设施可以使顾客和员工都从服务中获得愉快的感受，而设计不良的服务功能设施则会使顾客和员工都感到失望（Zeithaml 和 Bitner，2000）。

有形设施的设计可以将一个服务组织同其竞争对手区分开来，并表明该服务组织所提供的服务所指向的市场细分部分（Zeithaml 和 Bitner，2000）。服务场景中服务企业的标志、颜色甚至音乐都能给顾客留下服务企业的服务形象感知，产生服务质量体验。

谢春昌（2013）对服务场景设计的标准化与服务忠诚关系的研究证明，对于服务而言，对服务场景及其他有形展示实行标准化的设计，使各种服务的有形展示规则而统一，容易给顾客以美的感觉的同时，还使顾客更易于识别、记忆服务企业的标识和性质，加深顾客对服务企业的印象。也容易给顾客以到任何地方，都可能从实行标准化的有形展示的企业中获得标准化的服务的信心，促使顾客对服务企业产生服务质量可靠，可以信任的感受。

有些学者从服务质量的细分维度的角度的研究也表明，服务企业所提供的有形物理服务环境对顾客与企业之间的关系质量具有显著的影响（Shamdasani 和 Balakrishman，2000）。服务场景被认为是有形展示的极为重要的组成部分，影响着顾客的服务选择、期望、满意度及其他行为，并且对服务企业员工的工作效率、积极性和满意度也都存在显著的影响力（Sundstrom 和 Altman，1989）。而不论是物化的环境还是服务员工的行为表现都对顾客的服务质量、价值的感知和满意度等产生影响。

表现为"无形"的企业文化构成了服务的氛围环境，或者说是软环境，对消费者感知的影响也是不容忽视的。这些软环境包括企业身份、组织文化、企业行为、沟通交流的政策和顾客的价值观（Balmer，1995；Fillis，2003；Gioia，Schultz，Corley，2000；Hatch，Schultz，2003；Olsen，O'Neill，1989；Schuler，2004）等各个方面。这些因素对顾客的影响既可能是单独发生作用的，也可能是与有形线索相结合，共同对顾客发生影响的。这里的所谓企业身份是指顾客认识企业，把企业与其竞争对手相区别的各种有形线索的集合（Abratt，1989）。人们对于企业的身份认知常常是通过像企业的 Logo、名称和建筑外形设计等可见的有形因素来实现的（Nha Nguyen，2006），因为这些有形的线索相比语言沟通具有更强大的力量来构建和强化企业的身份（Gorb，1992）。Balmer 和 Wilkinson（1991）等学者则把企业组织形象中的可视部分从整体形象中分离出来，把它们当作企业整体身份构成的一部分。在他们看来，企业身份是个体的认知过程的结果（Nha Nguyen，2006）。顾客不仅通过购买企业的产品和服务来感受企业组织的身份，也通过对组织的经营哲学和文化来感受它（Nha Nguyen，2006）。

根据前面的论述，我们提出假设：

H5：搜寻式服务中，服务环境与顾客的服务质量感知正相关；

H6：搜寻式服务中，服务环境与顾客的服务价值感知正相关；

H7：搜寻式服务中，服务环境与顾客对服务企业的信任正相关。

（三）服务结果与顾客的服务评价

服务结果是顾客最为关注的因素之一，也是顾客评价服务质量和价值的重要依据之一。从服务营销组合的角度来看，在搜寻式服务中，服务的结果可以有多种有形的表现，其中最为常见的是服务产品的状况。这些以服务的附属产品形式出现的服务结果是清晰地展现于顾客面前的，顾客能较准确地对服务的结果进行评估，因此，服务结果为顾客评价服务的质量和价值提供了重要的线索。

虽然在早期的营销文献中，服务被普遍概括为具有无形性、异质性、不可分离性和不易逝性等（Shostack，1977；Zeithaml，Parasuraman，Berry，1985），在很多情况下，人们提及服务往往就是强调服务的那些无形性等点，但在很多服务中，产品与服务是同时存在的（Padgett 和 Allen，1997）。甚至，很少服务是只有无形的因素而无有形的支持要素的，而有形的商品也很少是完全与服务无关的。服务与有形商品之间的这种关系已经为越来越多的人所认识到。按照 Kotler（1999）的观点，服务可以有五种供应类型：①以有形物品为主的纯粹有形商品，如肥皂、牙膏等。产品中没有伴随服务。②包括有附带旨在提高对顾客的吸引力的一种或多种服务的有形商品，如汽车生产商出售的汽车保单、维修和保养说明等。③有形商品与服务的混合，如餐馆既提供食品又提供食品服务。④主要服务伴随小物品和小服务，这种服务供应由一项主要服务和某些附加的服务或辅助的物品构成。如旅行服务中同时提供的食物与饮料。⑤纯粹的服务。这类供应主要是提供服务，如照看小孩和按摩等。但即使是纯粹的服务，也会伴随有某些次要的服务，比如打包，送货或开单据等。可见，服务在很多时候是与有形产品相联系的，完全与有形产品无关的纯粹的服务只是少数。

由于服务的附属产品对顾客的品牌认知和联想起着重要的基础性的作用，所以它对顾客的服务感知的许多方面都会起到影响作用。Grewal，Krishnan 和 Baker et al.（1998）的研究发现，商店的商品会直接对顾客的商店形象感知产生很大的影响。商店的商品质量往往成为顾客判断商店形象的重要线索（Olshavsky，1985）。商店中的商品质量高，顾客心目中的商店形象也就较高，两者之间存在正相关（Baker，Grewal，Parasuraman，1994）。

服务附属产品的质量容易使顾客直接联想到服务本身的质量，它们是顾客判断服务质量的重要线索和依据（谢春昌，2013）。所以服务企业应特别重视提高它的质量，为顾客的服务质量判断提供可靠的依据。

同时，由于服务结果证明了服务提供者的服务能力和是否具备应有的善意性，因此，可以相信，它对顾客与服务企业之间的信任关系也应是有影响的。因此，本研究假设：

H8：在搜寻式服务中，服务结果与顾客的感知服务质量正相关。

H9：在搜寻式服务中，服务结果与顾客的感知价值正相关。

H10：在搜寻式服务中，服务结果与顾客满意正相关。

H11：在搜寻式服务中，服务结果与顾客对服务企业的信任正相关。

（四）服务忠诚与其前置因素之间的关系假设

在服务忠诚理论中，服务质量、顾客感知价值、顾客满意是三个核心要素，而信任也是一个常被人们提及的服务忠诚前置因素之一。那么，这些因素与服务忠诚之间究竟是怎样一种关系呢？不同的学者得出的结论是不一样的，其中，学者们比较接受的一种观点是，服务质量、感知价值、顾客满意、信任和服务忠诚之间存在渐次递进的影响关系。本研究认为，在搜寻式服务中，这种渐次递进的关系应该也是存在的。

由于感知价值是顾客从服务中所获得的利益与其为获得服务所付出的成本之间的比较（Zeithaml，1988；Monroe，1991）。增加顾客所能获得的利益或减少其成本的付出都能提高顾客的感知价值（Lovelock，2001），而且，顾客所付出的成本不仅仅是他们为获得服务所付出的货币，还包括他们所付出的时间和精力等（Lovelock，2001）。所以，一项服务的感知价值的增加可以通过传递给顾客更优的价值或者减少顾客在使用服务时的感知成本付出来实现（Ravald 和 Gronroos，1996）。当顾客为获得服务所付出的成本低于其从服务中所获得的收益时，顾客会感受到比较高的服务价值（Tam，2004）。而服务质量是顾客衡量其收益的重要因素，因此，服务质量与顾客的感知价值之间存在正相关，与顾客的感知成本付出存在负相关，感知质量能提升顾客的感知价值（Parasuraman 和 Grewal，2000）。营销文献中的一些实证研究也支持了这个观点（Brady，Robertson，1999；Teas，Agarwal，2000；Tam，2004）。Heskett，Sasser 和 Schlesinger（1997）从员工的角度对质量与感知价值之间的关系进行了分析，认为满意的忠诚的员工能创造出产出质量，而产出质量又有利于顾客的感知价值的形成。并因此而直接影响顾客的满意和忠诚。

对于顾客感知质量与顾客满意之间的关系的研究一直是营销文献中比较引人关注的一个问题。而且学者们在研究中，常把它们与顾客的感知价值、服务忠诚等因素相联系起来。感知质量就是指的顾客的预期与他们对服务表现的感受之间所存在的差别（Lewis，Booms，1983；Gronroos，1984；Parasuraman，Zeithaml，Berry，1988）。这是一个在营销学界比较为人们所认同的感知质量定义。顾客感知质量被普遍认为是顾客满意的前置因素（Cronin，Taylor，1992；Brady，Robertson，2001；Dabholkar，Shepherd，Thorpe，2000）。Olorunniwo，Hsu 和 Udo（2006）通过对服务企业的服务质量、顾客满意和顾客的行为意向的研究后发现，质量对顾客行为的作用是显著的，而且，顾客感知质量还更多地通过满意这一中介来实现对顾客行为意向的影响。这种研究结论显然与人们的日常认识是相一致的。顾客在付出成本，获得服务享受时，他必然希望所获得的服务是具有符合其所期待的质量的，也只有达到其所期待的质量要求的服务才能使之产生满意之感，这应是作为人的顾客的最基本的心理特点。

Sirdeshmukh，Singh 和 Sabol（2002）认为，在服务行业中，信任是服务提供者可以依靠，能赖于传递其承诺的顾客期待。

信任意味着风险，意味着向可能会受到的伤害敞开了门户，被人利用（Mayer，Davis，Schoorman，1995；Soule，1998），因此，信任会有被背叛的风险（Elangovan，Shapiro，1998；Noteboom，1996），因而可能会导致非法的和不道德。也正因为这样，信任并不是凭空产生的，而是建立在顾客对以前与企业的交换活动过程中对企业所产生的认知与情感基础之上的。顾客通过以往的与企业的交换中所确认的企业能有效满足自己需求能力和顾客的满意经历，使其对企业的未来服务产生了心理的依赖感（罗海成，2005），这种心理依赖感减轻了顾客心理上所需承受的可能各种非法的和不道德的行为的风险。也就是说，顾客以前所经历的对服务企业的良好服务质量体验会影响其对服务企业的信任。

根据营销文献中大量的服务感知质量与顾客满意、顾客行为意向以及信任之间的关系的研究，本研究做出搜寻式服务的服务质量与感知价值、顾客满意和信任之间的关系假设：

H12：顾客的感知质量与感知价值正相关。

H13：顾客的感知质量与满意正相关。

H14：顾客的感知质量与信任正相关。

顾客价值是顾客的付出与其所获得的利益之间的比较（Zeithaml，1988；Monroe，1991），而满意是顾客的预期与其所获得的收益之间的权衡（Yi，1990）。感知价值与顾客满意之间的关系曾受到一些学者的关注，比如，Anderson，Fornell 和 Lehmann（1994）经过对以顾客为基础的企业行为表现，如顾客满意与传统的企业财务收益回报的测试，仔细研究它们之间的联系时，发现顾客的感知价值会直接影响顾客的满意度。Ravald 和 Gronroos（1996）的研究也表明，顾客的感知价值对顾客的满意度具有直接的影响。顾客价值在强化顾客的市场导向中起着关键性的作用（Anderson，Fornell 和 Lehmann，1994）。Heskett，Sasser 和 Schlesinger（1997）的研究也发现，感知价值对顾客的满意有着重要的作用，并对其行为意向有着影响（Cronin，Brady 和 Hult，2000）。只有当顾客的价值得以实现时，顾客才可能会产生满意。顾客对价值的感知为顾客满意的产生提供了条件（Hallowell，1996）。欧洲质量组织（The European Organization for Quality，EOQ）以及欧洲质量管理基金会（The European Foundation for Quality Management，EFQM）等组织所创立的欧洲顾客满意度指数（European Customer Satisfaction Index，ECSI）的研究也证明了顾客价值与顾客的满意度之间存在直接的影响关系。

顾客的感知价值是其实现满意的前提和基础。营销文献中的众多研究也说明和验证了这一点（Cronin，Brady，Hult，2000；McDougall，Levesque，2000）。也正因为如此，营销者们常常试图通过影响顾客的价值感知来影响其满意并最终影响其行为（Tam，2004）。

正如前文所述，顾客的感知价值是一个主观的概念，它包括了顾客的感知货币付出、时间精力付出，还包括顾客为获得预期的服务所冒的风险等因素与其所获得的利益之间的比较后所感受到的总体收益（Naumann，1994）。显然，顾客如果不能获得其所预期的利益是不可能产生服务忠诚的。对于顾客价值与服务忠诚之间的关系，服务营销文献中也有大量的研究，许多研究的结果也说明了感知价值与服务忠诚之间存在着相关性（Lee，Cuningham，2001；Sirohi，Mclaughlim，Wittink，1998；Cronin，Brady，Brand et al.，1997）。学者们对顾客感知价值对服务忠诚的作用方式存在不同的观点，有些学者认为顾客感知价值是通过顾客满意来实现对服务忠诚的作用的（Fornell，Johnson，Anderson et al.，1996；Grenholdt，Martensen，Kristensen，2000；McDougall，Levesque，2000；Cronin，Brady，Michael et al.，2000）。

Hennig‐Thurau 和 Klee（1997）、Singh 和 Sirdeshmukh（2000）对顾客满意与顾客信任之间的相互关系进行了定性的研究。Michell，Reast 和 Lynch（1998）也对信任的前置因素进行了研究，认为满意是其中的一个重要因素，对信任的形成与保持具有正向的影响。罗海成（2005）根据信任包括善意性与可信性两个维度的情况，从这两个维度对顾客满意与顾客信任之间的关系进行了实证的研究，发现它们之间确实存在正相关关系，顾客满意显著影响顾客可信性信任和善意性信任的形成。

顾客满意的认知成分和情感成分分别对顾客的可信性信任和善意性信任构成了显著性影响。

营销文献中存在大量的关于顾客满意在服务忠诚中的作用的研究（Oliver，1980；Westbrook，Oliver，1991；Yi，1990；Boulding，Kalra，Staelin et al.，1993；Fornell，Johson，Anderson et al.，1996；Rust，Zahorik，Keiningham，1995；范秀成，郑秋莹，姚唐，等，2009）。Cronin 和 Taylor（1992），Anderson 和 Sullivan（1993），Coyne（1989），Oliver 和 Swan（1989）等许多学者认为，顾客满意与服务忠诚之间存在着密切的关系。虽然学界普遍承认满意并不等于忠诚（范秀成，郑秋莹，姚唐，等，2009），许多学者认为，满意与服务忠诚之间的关系还会受到行业差异的影响（Heskett，Jones 和 Loveman et al.，1994）。而且，有些学者在对满意与忠诚之间关系的细化研究中发现，满意与忠诚之间的关系还受到其他诸如交易成本等因素的影响（Oliva，Oliver 和 MacMillan，1992），满意对忠诚的作用也存在某种作用的阈域（Coyne，1989；Oliva，Oliver，MacMillan，1992），但满意与忠诚之间存在着某种影响关系这一点却是为人们所比较广泛地认同的。

根据前面的论述，本研究做出如下关于搜寻式服务的顾客感知价值、顾客满意、信任和服务忠诚之间关系的假设：

H15：顾客的感知价值与顾客满意正相关。

H16：顾客满意与顾客信任正相关。

H17：顾客满意与服务忠诚正相关。

Anderson 和 Narus（1990），Bove 和 Johnson（2002），Chow 和 Holden（1997），Crosby Evans 和 Cowles（1990），Ganesan（1994），Hennig-Thurau 和 Klee（1997），Singh 和 Sirdeshmukh（2000），罗海成（2005），汪纯孝、韩小芸和温碧燕（2003）等众多学者对信任与顾客的重购行为之间的关系进行了研究，认

为它们之间存在正相关。确实，顾客对服务企业的忠诚不可能是凭空产生的，而是建立在一定的基础之上的，信任就是其基础（Berry，1983）。在营销文献中，有些学者把信任划分为可信性信任与善意性信任（Bove，Johson，2002；罗海成，2005）。本研究认为，无论是信任的哪一个维度，它们都会对顾客对企业所持有的服务忠诚具有重要的作用。而且，信任的两个维度之间存在密切的关系。它们会共同地作用于服务的忠诚。仅有可信性信任或只有善意性信任都是很难获得服务忠诚的。众多学者在研究信任与忠诚之间的关系时，也很少对之进行维度上的细化分析。本研究把信任作为一个整体与服务忠诚相联系，并提出如下搜寻式服务的信任与服务忠诚之间的关系假设：

H18：顾客的信任与服务忠诚正相关。

服务过程中的服务互动、服务环境、服务结果与服务质量、感知价值、满意、信任和服务忠诚之间的关系用图4.1所示。

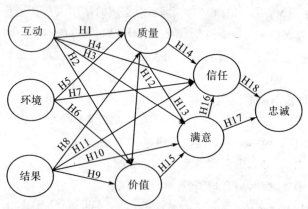

Chi-Square=1246.50, df=613, P-value=0.00000, RMSEA=0.065

图 4.1　搜寻式服务的顾客忠诚形成机制研究模型
资料来源：本研究制作。

二、搜寻式服务的服务忠诚形成机制实证研究设计

本节简要介绍结构方程模型分析方法和本研究的数据分析方法；设计调查问卷并展开预调研，并根据对调研问卷的检验结果，对问卷进行适度的调整，形成最终的正式调研问卷。

（一）结构方程模型分析方法介绍

结构方程模型（Structural Equation Modeling，SEM）是基于变量的协方差矩阵来分析变量之间关系的统计方法，是一种很重要的数据分析技巧。结构方程模型具有众多的优点，包括可以同时处理多个因变量、容许自变量和因变量含测量误差、同时估计因子结构和因子关系、容许更大弹性的测量模型和估计整个模型的拟合程度等（侯杰泰，温忠麟，成子娟，2004）。正因为它有诸多的优点，使之在社会学、心理学、教育学等领域得到比较广泛的应用，近几年也开始在营销学的研究中得到应用。

1. 结构方程模型的结构

结构方程模型分为测量方程和结构方程两个部分。测量方程用于描述潜变量与指标之间的关系，而结构方程用于描述潜变量之间的关系。测量模型可以用下式表示：

$$x = \Lambda X \xi + \delta \tag{4.1}$$

$$y = \Lambda y \eta + \varepsilon \tag{4.2}$$

x 指外源指标组成的向量；y 指内生指标组成的向量；ΛX 指外源指标与外源潜变量之间的关系，是外源指标在外源潜变量上的因子负荷矩阵；Λy 指内生指标与内生潜变量之间的关系，是内生指标在内生潜变量上的因子负荷矩阵；δ 指外源指标 x 的误差项；ε 指内生指标 y 的误差项。

结构模型可以用下式表示：

$$\eta = B\eta + \Gamma\xi + \zeta \tag{4.3}$$

η 指内生潜变量；ξ 指外源潜变量；B 指内生潜变量间的关系；Γ 指外源潜变量对内生潜变量的影响；ζ 指结构方程的残差项，它反映的是 η 在方程中未能被解释的部分。

结构方程模型中的结构模型，即潜变量之间的关系是研究的重点，结构方程模型也因此而得名。

2. 结构方程模型的分析步骤

（1）模型设定（Model Specification）：即在进行模型估计之前，研究人员先要根据理论或以往研究成果来设定假设的初始理论模型。

（2）模型识别（Model Identification）：即要决定所研究的模型是否能够求出参数估计的唯一解。在有些情况下，由于模型被错误地设定，其参数不能识别，求不出唯一的估计值，因而模型无解。

（3）模型估计（Model Estimation）：模型参数可以采用几种不同的方法来估计。最常使用的模型估计方法是最大似然法（Maximum Ikelihood）和广义最小二乘法（Generalized Least Squares）。

（4）模型评价（Model Modification）：即在取得了参数估计值以后，需要对模型与数据之间是否拟合进行评价，并与替代模型的指标进行比较。

（5）模型修正（Model Modification）：如果模型不能很好地拟合数据，就需要对模型进行修正和再次设定。在这种情况下，研究人员需要决定如何删除、增加或修改模型的参数。通过参数的再设定，可以增进模型的拟合程度。研究人员可以根据LISREL 软件输出中所提供的模型修正指数与初始模型中各通径的检验结果来决定模型的再设定。一旦需要重新设定模型就要重复以上五个步骤的工作。一个拟合较好的模型往往需要反复试验多次。

以上五个步骤构成了应用结构方程模型来研究一个理论模型的基础工作（郭志刚，1999）。

结构方程模型主要是一种证实性（Confirmatory）技术，而不是探测性（Exploratory）技术。虽然在结构方程模型分析中也会涉及一些探测性的因素，但研究人员主要是通过应用结构方程模型来确定一个特定模型是否合理，而不是将其用来寻找和发现一种合适的模型（郭志刚，1999）。本研究的目的就在于检验根据理论所设计的"服务营销标准化对服务忠诚的影响"模型，因而我们的实证研究部分选择了结构方程模型作为检验方法。

LISREL 软件是比较常见的结构方程分析软件。本研究将采用 LISREL8.7 版对数据进行分析。

结构方程分析中，首先要解决的是样本量的问题。对于这个问题，学者们提出了不同的观点。Marsh 和 Hau（1990）建议，若有可能，尽量增大样本数量；如果样本很小，应当用更多高信度的题目；总的说来，大多数模型需要至少 100~200 个被试样本，越多越好。（侯杰泰，温忠麟，成子娟，2004）。

3. 结构方程模型的拟合指数

结构方程分析通过计算不同的可能模型的拟合指数，从中比较得出相对较为简单，同时又拟合得较好的模型。人们根据 LISREL 所输出的一系列的拟合指数对整个模型做出优劣的判断。比较常用的检验指数有：绝对拟合指数（χ^2、χ^2/df、GFI、AGFI 和 RMSEA）、相对拟合指数（CFI、NFI、NNFI 和 IFI）和简约拟合指数（PGFI 和 PNFI）。

（1）绝对拟合指数

绝对拟合指数是将理论模型和饱和模型相比较得到的一个统计量，所衡量的是理论模型与样本数据的拟合程度。绝对拟合指数包括以下几个常用的指数：

①拟合优度的卡方检验（χ^2 Goodness-of-fit test）：

拟合优度的卡方检验（χ^2 goodness-of -fit test）是最常用的拟合指标。这个卡方值可以从拟合函数值直接推导出来，它是拟合函数值与样本规模减1的乘积，其公式为：

$$\chi^2 = (n - 1)F \tag{4.4}$$

这里的 F 是拟合函数。如果数据按多元正态分布且设定模型正确的话，这个乘积则按卡方分布。它的检验正好与传统的统计检验相反。我们希望得到的是不显著的卡方值。也就是说，卡方值应该对应其自由度相对很小。事实上，卡方检验在这里是"拟合劣度"（Badness of Fit）的测量，因为很小的卡方值说明拟合很好，而很大的卡方值却说明拟合不好，也就是引申的方差协方差与观察方差协方差判别太大（郭志刚，2004）。

尽管卡方检验提供模型在统计上是否成功的信息，但卡方值与样本规模相关联，因而，它常常不能很好地判定模型的拟合。样本越大，卡方值也就越大，所以，即使观测的与模型引申的方差协方差之间的判别其实不大，拒绝一个模型的概率会随着样本规模增加而增加。为减小样本规模对拟合检验的影响，有一个直接与卡方相联系的粗略常规（Rough Rule of Thumb），即如果卡方值与自由度之比（$F\hat{}_0 = \max[F\hat{} - (df/(n - 1)), 0]/df$）小于2，则可以认为模型拟合较好（郭志刚，2004），χ^2/df 在 2~5 时，模型可以接受（Steiger，1990；侯杰泰，温忠麟，成子娟，2004；黄芳铭，2005）。

②拟合优度指数 GFI 和调整的拟合优度指数 AGFI：

拟合优度指数（Goodness of Fit Index，GFI）和调整的拟合优度指数（Adjusted Goodness of Fit Index，AGF）也常被用来作为评价模型拟合程度的重要指标。拟合优度指数定义为：

$$GFI = 1 - \frac{F[S, \sum(\Theta)]}{F[S, \sum(0)]} \tag{4.5}$$

GFI 测定观测变量的方差协方差矩阵 S 在多大程度上被模型引申的方差协方差矩阵 RMSEA = $\sqrt{F\,\hat{}_0/df}$ 所预测。如果 $\sum$ = S，GFI 等于 1，模型完美拟合。

这个指数可以按模型中参数估计总数的多少进行调整。调整后的拟合指数的计算公式为：

$$AGFI = 1 - \frac{(p+q)(p+q+1)/2}{df}(1 - GFI) \qquad (4.6)$$

其中 p+q 是观测变量的数目，（p=q）（p+q+1）/2 是数据点的总数，df 是自由度。估计参数相对于数据点总数越少或 df 越大，AGFI 就越接近于 GFI。它们被作为模型适当（Model Adequacy）的总体指标。

③近似误差均方根 RMSEA（Root Mean Square Error of Approximation）：

RMSEA 是近年来越来越受到重视的一个拟合评价指标。它被定义为：

$$RMSEA = \sqrt{F\,\hat{}_0/df} \qquad (4.7)$$

$$F\,\hat{}_0 = \max[F\,\hat{} - (df/(n-1)),\ 0] \qquad (4.8)$$

这里的 $F\,\hat{}_0$ 是总体差异函数（Population Discrepancy Function，PDF）的估计。这个差异是拟合函数最小值 $F\,\hat{}_0$ 与 [df/（n-1）] 之间的差，当其为正值时取其值，当其为其他值时取 0 值（郭志刚，1999）。

（2）相对拟合指数（Comparative Fit Indexes）

相对拟合指数（也有人称之为比较拟合指数）是从设定模型（Model Adequacy）的拟合与独立模型（Independence Model）的拟合之间的比较中取得的。独立模型指假设所有变量之间没有相关关系，即模型中所有的通径系数和外生变量之间协方差都固定为 0，只估计其方差。相对拟合指数测量的是设定模型同独立模型相比在拟合上的改善程度。相对拟合指数包括以下几个比较常用的指数：

①规范拟合指数 NFI（Normed Fit Index）

规范拟合指数是通过对设定模型的卡方值与独立模型的卡方值比较来评价估计的模型的。它的计算公式为：

$$NFI = \frac{\chi^2_{indep} - \chi^2_{model}}{\chi^2_{indep}} \tag{4.9}$$

上式中的 χ^2_{indep} 是独立模型的卡方值估计，χ^2_{model} 则是设定模型的卡方值估计。NFI 测量了独立模型与设定模型之间卡方值的缩小比例。我们可以把它当作是设定模型与独立模型相比在拟合上的改善程度。

②增值拟合指数 IFI（Incremental Fit index）

IFI 是对 NFI 的一种修正，它能减少该指数的平均值对样本规模的依赖，同时考虑设定模型的自由度的影响。它的计算公式如下：

$$IFI = \frac{\chi^2_{indep} - \chi^2_{model}}{\chi^2_{indep} - df_{model}} \tag{4.10}$$

③不规范拟合指数 NNFI（Non Normed Fit Index）

NNFI 也是对 NFI 的一种修正。它起到了处理模型自由度对拟合指数的影响的作用。其计算公式为：

$$NNFI = \frac{\chi^2_{indep} - \frac{df_{indep}}{df_{model}}\chi^2_{model}}{\chi^2_{indep} - df_{indep}} \tag{4.11}$$

④比较拟合指数 CFI（Comparative Fit Index）

比较拟合指数也通过与独立模型相比来评价拟合程度，只是它采取了不同的方式。它运用了非中心的卡方分布（Noncentral Chi-square Distribution）与非中心性的参数（Noncentral Parameters）τ_i。τ_i 值越大，模型设定的错误就越大；$\tau_i = 0$ 则说明完全拟合。CFI 在对小样本估计模型拟合时，也能做得很好。它的定义公式是：

$$CFI = 1 - \frac{\tau_{model}}{\tau_{indep}} \tag{4.12}$$

上式中的 $\tau_{indep} = \chi^2_{indep} - df_{indep}$ ，$\tau_{model} = \chi^2_{model} - df_{model}$ （4.13）

（3）简约拟合指数

简约拟合指数是为惩罚参数多的模型而引入简约原则所提出的指数。它是前两类指数派生出来的一类指数。当两个模型的指数相同时，比较复杂的模型所对应的简约指数会比较低。

4. 模型和假设检验

本研究运用 LISREL 软件的 8.7 版本，通过最大似然法（Maximum Likelihood Method）对结构模型的数据进行分析；通过计算模型的各种拟合指数来评价理论设定模型的合理性，并通过与各竞争模型的拟合指数的比较，确定最终模型。

本研究通过模型的标准化路径系数和显著性检验情况来考察各个潜变量之间的路径关系，以检验本研究所提出的理论假设是否成立。

（二）问卷设计

1. 量表设计的基本思路

本研究在设计搜寻式服务的量表时，尽量利用相关文献的量表中对相同或相似问题进行调研时所用到的各个问项，以提高本研究量表的信度与效度。对于其中一些前人没有使用过的问项，特别是服务的互动、环境和结果部分的问项，本研究采取焦点小组访谈等深度访谈方法，获得专家意见，确定问项内容，然后设计问项。对设计好的量表先做预调研，并对预调研结果进行分析后，修改问卷，设计正式调研问卷。最终以正式调研问卷及其调研结果作为检验、分析本研究的理论假设的依据。

服务营销文献中，服务质量、顾客价值、满意和信任等因素都是经常用来与服务忠诚相联系的因素，但根据不同服务类别且比较全面地研究它们与服务忠诚之间关系的文献却很有限。本研究试图根据搜寻式服务的特点，探索它们在服务忠诚中的作用，以明确这些因素在搜寻式服务情形中与服务忠诚之间的关系。它们都将在本研究中得到测度。

根据服务过程中的互动、环境和结果三因素并结合服务营销组合的七个 P 后，本研究提出了搜寻式服务的服务忠诚形成机制模型，并提出了相应的假设。这里的问卷也将根据前面的假设进行设计。

2. 量表设计

本研究将以超市为调研对象。因此，本研究的量表设计将侧重了解这些搜寻式服务中的服务互动、环境和结果中的服务营销组合七因素对顾客感知的影响及其最终对服务忠诚的作用。

（1）服务互动量表

搜寻式服务的服务互动中，服务人员与顾客之间的互动比较集中地表现了服务营销组合中的服务人员和服务过程这两个因素在服务中的重要作用，因此，根据搜寻式服务的服务忠诚形成机制的理论模型与假设，这部分的问卷的设计主要集中于对服务人员与顾客的互动的问卷设计。

在搜寻式服务中，顾客通过与服务人员的互动实现对服务的感知。本研究通过专家访谈后认为，从顾客的角度来看，服务员工的态度、服务语言、服务行为是服务互动中应加以测度的方面。因此，本研究从顾客与服务人员的互动过程中的顾客感知的角度，设置如下服务互动情形中的问项（Interaction，INA）：

INA1：这家店的服务是到位的。

INA2：这家店的服务是及时的。

INA3：这家店的服务是准确的。

INA4：这家店的服务态度好。

INA5：这家店的服务用语得当。

这里的"到位""及时"和"准确"都曾经在谢春昌（2013）和李建州（2006）等人的研究中设计过类似的问项。

（2）服务环境量表

在搜寻式服务中，服务环境主要指提供服务时所涉及的有形展示方面的内容。有形展示指有关组织的所有有形设施（服务场景）以及有形交流的其他形式。影响顾客感知的服务场景要素既包括企业的外部特征，如标志、停车场地和周围的景色等，也包括企业的内部特征，如设计、布局、设施和内部装潢等（Zeithaml 和 Bitner，2000）。营销文献中存在大量关于服务环境中的各因素对消费者的行为的影响的研究。在众多的研究服务场景因素与消费者行为的关系的文献中，社会、设计和周围环境等方面的因素得到了人们的较大关注（Parasuraman，Grewal，Voss，2002；Baker，Grewal，Parasuraman.，1994）。服务场景的环境因素成为影响消费者的情绪重要变量，而消费者情绪的变化又对其购买决策和反应具有重要的影响（Russell 和 Pratt，1980）。这也正好说明了顾客群体对于特定环境会产生特别的心理反应的特点（Kerr 和 Tacon，1999）。

环境心理学家认为，存在三种影响人们感知环境刺激的结构因素，即新奇性、复杂性和秩序（Niketta，1987）。Luomala（2003）在研究零售环境对顾客行为的影响时发现，这三种相当抽象的结构因素在零售环境的功能性设施中均能发生作用。例如，零售环境的清洁度、有序度、拥挤度、商店过道的情况、标识、展示、装修、商店配置和草木绿化等都会影响顾客的消费行为。这说明，顾客购买、消费的不仅仅是产品和服务，还包括不同的环境因素。这一观点已经得到学术界越来越多的认同，并进一步激发了人们的研究兴趣（Uzzell 1995；Penaloza

1998；Maclaran，Brown，Stevens，1999）。

根据环境因素在顾客感知中的作用，本研究设置环境因素的量表如下：

PY1：这店的装潢看起来顺眼。

PY2：这店的服务氛围好。

PY3：这店的服务环境整洁。

PY4：这店的陈设具有人性化。

PY5：这店的标识明确。

Sureshchandar，Rajendran 和 Anantharaman（2003）的服务有形展示量表中问及了企业的标识、符号、广告招牌、小册子和其他的东西。在 Nguyen（2006）的研究中也具有与问项 1 相似内容的问项。问项 2 与 Porter 和 Claycomb（1997）在研究零售商店形象时所用到的有形展示量表中的问项内容相似，都涉及给顾客的店内氛围的感觉。

（3）服务结果量表

服务的附属产品是服务的重要组成部分之一。它们的种类丰富程度、数量、质量等都会对顾客的服务质量感知产生重要的影响。在有些服务中，服务附属产品是服务必不可少的，它们也是服务结果的表现。这种表现不是单独的，而往往与服务的价格相联系。也就是说，在搜寻式服务中，服务结果常常是在一定的价格条件下的服务产品状况的比较。比如在超市服务中，服务的附属产品主要是指超市所提供售卖的商品。显然，这是超市售卖服务必不可少的重要组成部分，甚至可以说是最为核心的要素，离开这些商品，超市售卖服务就失去了其存在的意义。顾客在评价服务结果时，首先考虑的是服务结果的符合目的性的程度，其次就是其成本付出与所获的利得之间的比值。有时，以商品形式表现的服务结果还会有是否相同价格条件下，所有顾客都是获得相同产品的问题，也就是销售服务是否公平的问题。Sorenson 和 Weichmann（1975）、Ward（1990）等人的研究发现，产品的物理特性和包装往往是标准化程度比较高的。这在一定程度上解决了搜寻式服务的公平性问题。本研究设计相关问项如下：

PU1：这店产品质量能满足我的需求。

PU2：这店的产品品种丰富。

PU3：这店的产品包装好。

PU4：这店的产品价格适中。

其中，问项 1 在 Tse，Sin 和 Yim（2002）、Kim 和 Kim（2005）、Ineson 和 Martin（1999）和李建州（2006）的研究中用到的关于服务产品质量的问项相似。

（4）服务质量量表

感知质量是指为顾客对产品的优点的整体上的判断（Zeithaml，1988）。感知质量与客观质量或实际质量不同，两者间的差异为众多学者所强调（Dodds，Monroe，1985；Holbrook，Corfman，1985；Jacoby，Olson，1985；Parasuraman，Zeithaml & Berry，1985，张彤宇，2005）。客观质量是指在一些预先设定的理想标准基础之上，可测量的、可证实的优质优势（张彤宇，2005），是指事物的客观方面的特征（Holbrook 和 Corfman，1985）。感知质量是一种主观的优势评价。它是人们对客观事物的主观的反应，是一个相对的概念，各种判断之间存在差异（Holbrook，Corfman，1985；张彤宇，2005）。同时，感知质量是关于产品的高层次的抽象的概念，而不是产品的具体特征（张彤宇，2005）。感知质量作为一种总的评价，它与态度相似（Olshavsky，1985），是与具体的情境相联系的。对于质量的评价大多能在比较的环境中进行。因此，对于感知质量的测量应该是针对品牌（或服务企业）的总体优点或优势的消费者主观判断，而不是测量质量的各个特征或维度（张彤宇，2005）。

根据上述理论及 Dodds，Monroe 和 Grewal（1991）用"产品物有所值、产品价格是可以接受的、产品挺划算"的问项来测量有形产品的量表，本研究将这些问项用于服务业中；同时，根据 Woodruff（1997）的顾客价值层级模型，顾客是用一种"途径—结果"的模式来感知其所期望的价值的，顾客的消费是具有目的性的，只有达到其目的的消费，顾客才会觉得其所付出的成本得到了合适的回报，是有价值的，换句话说，顾客的消费能否达到其消费目的是顾客感知价值中的重要内容，因此，本研究设置如下问项：

PV1：在这个店消费是物有所值的。

PV2：总体来说，相比我在这个店所得到的利益，其价格是可以接受的。

PV3：相比之下，我觉得在这个店消费挺划算。

PV4：在这个店消费，我能达到我的消费目的。

第一个问项在 McDougall 和 Levesque（2000）的研究中用到了类似的问项。Cronin，Brady 和 Hult（2000）也使用了与第一、二项相似的问项。罗海成（2005）在其服务忠诚研究中也用了与前面三个相似的问项。根据目的性在 Woodruff（1997）的顾客价值层级模型中的重要意义，李建州（2006）在前三个相似问项的基础上，增加了目的问项，即用到了与所有四个相似的问项；。Nguyen（2006）的研究中也用到了与前面四个十分相似的问项。

（6）顾客满意量表

顾客满意是顾客预期与感知利得比较后产生的评价（Yi，1990），是顾客对服务及其特征满足顾客的需要程度的判断，是顾客需要得到满足后的心理反应（Oliver，1997）。顾客满意与顾客的质量感知一样，有个对服务或产品的总体性的判断。因而，对顾客满意的总体测量是有效的（Yi，1990）。Magnus

（1998）、McDougall 和 Levesque（2000）和罗海成（2005）等都在其研究中对顾客满意进行了总体性的测量。对顾客满意的测量还可以从顾客的认知和情感这两个方面来进行测量（如Crosby，Evans，Cowles，1990；罗海成，2005），因为顾客满意包括对服务提供商的评价性和情感性反应（Oliver，1980）。

罗海成（2005）用"我对这家店总体上感觉满意。"来测度顾客的总体满意。Cronin，Brady 和 Hult（2000）用"我觉得来这家店是明智的选择"来测量顾客满意中的认知因素，用"我感觉在这家店美容是愉快的"的问项来测度顾客满意中的情感因素。Stank，Goldsby 和 Vickery（1999）、Cronin，Brady 和 Hult（2000）、Siguaw，Baker 和 Simpson（2003）的研究中也用了这样的问项。在 Butcher，Sparks 和 O'Callaghqan（2001）的服务忠诚研究中也使用了全部类似的三个问项。

本研究借鉴前人的研究测度问项，设置如下 3 个测量顾客满意的量表问项：

CS1：我对该店总体上感觉满意。

CS2：我觉得来该店消费是明智的。

CS3：我感觉在该店消费是愉快的。

（7）顾客信任量表

顾客信任主要测度顾客对企业的可信性与善意性信任两个维度（罗海成，2005）。Bove 和 Johnson（2002）、Garbarino 和 Johnson（1999）、Crosby，Evans 和 Cowles（1990）、Shamdasani 和 Balakrishnan（2000）和罗海成（2005）都对顾客信任的两个维度的测度量表进行了开发和应用。这里借鉴他们的量表，对信任的两个维度设置问项如下：

可信性信任方面（Customer Trust in Credibility，CTC）：

CTC1：我相信该店的服务能力。

CTC2：我相信，该店的良好服务能得到长期保持。

CTC3：我依赖该店所做的承诺。

善意性信任方面（Customer Trust in Benevolence，CTB）：

CTB1：有时，我觉得该店会有意以次充好（R）。

CTB2：我觉得该店基本上是诚实的。

CTB3：我觉得该店能为顾客着想。

（8）服务忠诚量表

忠诚的综合观认为，忠诚包括行为和态度忠诚两个方面（Day，1969；Bloemer，Kasper，1995；Baldinger，Rubinson，1996；Pritchard，Howard，1997）。Oliver（1999）把忠诚分为认知忠诚、情感忠诚和行为忠诚。认知忠诚是指顾客愿意购买某种品牌的产品，但只是出于对该品牌的信任，它源于顾客的经验，直接或间接经验，是一种程度较浅的忠诚。情感忠诚是顾客经过满意的消费积累而形成的带有积极的情感色彩的忠诚。意志忠诚是类似动机的顾客心理上的重购意愿；行为忠诚是从意志阶段转化而来的，克服障碍而进行的行为活动。在这里，Oliver（1999）把忠诚作当是一种过程而非结果。这一观点在一定程度上反映了忠诚的形成过程。而其实，Oliver（1999）的忠诚的过程观实际上也是行为和态度忠诚的综合观。根据前人对服务忠诚的研究，本研究对服务忠诚的测量以忠诚的综合观为基础，对服务忠诚进行测度，设计问卷如下：

LOY1：我会向我的亲戚朋友们推荐该店。

LOY2：我喜欢该店。

LOY3：我喜欢谈论到该店。

LOY4：我觉得自己对该店是忠诚的。

LOY5：我关心该店。

LOY6：我有相关的消费需求时大多会去该店。

问项1和问项6用于测度行为忠诚，Butcher，Sparks 和 O'Callaghan（2001）以及 McMullan 和 Gilmore（2003）的餐馆的品牌忠诚

研究中使用了类似的问项。问项2和问项3是用来测度情感忠诚的，McMullan 和 Gilmore（2003）、Butcher, Sparks 和 O'Callaghan（2001）的研究中使用了与问项2一样的问项。McMullan 和 Gilmore（2003）使用了与问项3、4、5类似的问项。Kim，Kim 和 An（2003）对旅馆的顾客忠诚研究中也使用了与问项1、问项6相似的问项。Sirohi，McLaughlin 和 Wittink（1998）对商店的顾客忠诚意向研究中也用了与问项1、问项6类似的问项。

3. 量表的内容效度检验

为达到量表的较高的内容效度（即表面效度），本研究在预调研量表的开发过程中，尽量借鉴以往研究中已经使用、检验过的问项，特别是经过本书作者本人在研究中亲自使用过的问项。同时，为进一步提高问项的内容效度，作者再次对相关文献中的有关问项进行审阅、组织、汇总，形成问项库。然后对这些问项再次进行翻译，反复修改，使问卷通俗易懂后，请部分亲朋阅读、试填，并就其中个别不易理解的地方进行修改、调整，形成最后的预调查问卷。

（三）预调研

1. 预调研的实施

本研究选择超市作为搜寻式服务的调研行业。这主要是考虑到超市是消费者接触较多的行业，易于找到足够数量的受访者；同时，它比较全面地表现了搜寻式服务的各种特点，有利于探索搜寻式服务的服务忠诚形成机制。

本研究的预调研采用方便抽样的方法，请部分亲朋好友和学生填写问卷120份，收回有效问卷114份，有效回收率为95%。

2. 预调研的数据分析

我们用 SPss13.0 统计软件对预调查所获得的数据进行了 Cronbach's Alpha 信度检验并通过探索性因子分析对之进行了效度检验。

（1）样本概况

预调研的样本情况见表4.1。

表4.1　　　　　　　　预调研样本概况表

年龄	人数	百分比（%）	全家月收入（元）	人数	百分比（%）
20 岁以下	6	5	2000 元以下	1	0.9
20-29	86	75	2001-4000	21	18
30-39	14	12	4001-6000	25	22
40-49	3	2.6	6001-8000	44	39
50-59	0	0	8001-10000	6	5
60 岁以上	0	0	10001 以上	7	6
缺失值	5	4	缺失值	10	8.8
受教育程度	人数	百分比（%）	性别	人数	百分比（%）
小学及以下	0	0	男	61	54
初中	0	0	女	48	42
高中或中专	1	0.9	缺失值	5	4.4
大专	8	7			
本科	82	72			
硕士及以上	18	16			
缺失值	5	4.4			

（2）预调研的信度检验

所谓信度是指对同一事物进行重复测量时所得到结果的一致性程度。它反映了测量工具的稳定性或可靠性。信度一般用信度系数来评价，即将两种测量结果的相关系数作为信度系数。Cronbach's Alpha 系数是一种最常用的信度系数。在一般的研究中，Cronbach's Alpha 系数达到0.7以上即可。

我们先对问卷中的反向问题的分值用 Recode 进行了转化。然后，用最大期望方法（EM）进行缺失值处理。最后，对分别对量表的 Cronbach's Alpha 系数进行计算，结果见表 4.2、4.3、4.4、4.5。

表 4.2　　服务互动量表的 Cronbach's Alpha 系数

	Scale Mean if Item Deleted	Scale Variance if Item Deleted	Corrected Item-Total Correlation	Squared Multiple Correlation	Cronbach's Alpha if Item Deleted
INA1	17.8750	43.707	.993	.990	.995
INA2	17.8417	43.950	.990	.985	.996
INA3	17.7917	43.914	.988	.982	.996
INA4	17.8833	44.339	.988	.980	.996
INA5	17.8417	43.966	.989	.983	.996
Cronbach's Alpha=0.99, N of Items=5, N=114					

表 4.3　　服务环境量表的 Cronbach's Alpha 系数

	Scale Mean if Item Deleted	Scale Variance if Item Deleted	Corrected Item-Total Correlation	Squared Multiple Correlation	Cronbach's Alpha if Item Deleted
PY1	18.7500	36.559	.976	.956	.992
PY2	18.7417	36.781	.980	.970	.991
PY3	18.7750	37.016	.987	.978	.990
PY4	18.8167	36.975	.977	.957	.992
PY5	18.7833	36.810	.974	.954	.992
Cronbach's Alpha=0.99, N of Items=5, N=114					

表 4. 4 服务结果量表的 Cronbach's Alpha 系数

	Scale Mean if Item Deleted	Scale Variance if Item Deleted	Corrected Item-Total Correlation	Squared Multiple Correlation	Cronbach's Alpha if Item Deleted
PU1	13. 4915	23. 116	. 956	. 930	. 985
PU2	13. 4068	23. 177	. 968	. 944	. 982
PU3	13. 4915	22. 220	. 973	. 961	. 981
PU4	13. 4576	22. 459	. 969	. 959	. 982
Cronbach's Alpha=0. 99, N of Items=4, N=114					

表 4. 5 服务质量量表的 Cronbach's Alpha 系数

	Scale Mean if Item Deleted	Scale Variance if Item Deleted	Corrected Item-Total Correlation	Squared Multiple Correlation	Cronbach's Alpha if Item Deleted
SQ1	13. 4308	21. 906	. 408	. 168	. 992
SQ2	13. 8923	57. 260	. 719	. 969	. 512
SQ3	13. 8923	57. 058	. 711	. 969	. 511
SQ4	13. 9154	56. 683	. 710	. 958	. 507
Cronbach's Alpha=0. 63, N of Items=4, N=114					

从表 4. 2、4. 3、4. 4、4. 5 可以发现，去掉 SQ1 问项后，Cronbach's Alpha 值会从 0. 63 提高到 0. 992，而且该问项的相关系数也不是很高，所以去掉该项，结果见表 4. 6、4. 7、4. 8、4. 9、4. 10。

表 4.6　修正的服务质量量表的 Cronbach's Alpha 系数

	Scale Mean if Item Deleted	Scale Variance if Item Deleted	Corrected Item-Total Correlation	Squared Multiple Correlation	Cronbach's Alpha if Item Deleted
SQ2	9.3600	9.728	.983	.970	.988
SQ3	9.3200	9.493	.987	.975	.985
SQ4	9.3800	9.268	.978	.958	.991
Cronbach's Alpha=0.99, N of Items=3, N=114					

表 4.7　　　感知价值量表的 Cronbach's Alpha 系数

	Scale Mean if Item Deleted	Scale Variance if Item Deleted	Corrected Item-Total Correlation	Squared Multiple Correlation	Cronbach's Alpha if Item Deleted
PV1	14.0600	22.219	.967	.947	.992
PV2	14.0200	22.181	.989	.979	.987
PV3	14.0300	22.353	.984	.972	.988
PV4	13.9900	22.374	.975	.960	.990
Cronbach's Alpha=0.99, N of Items=4, N=114					

表 4.8　　　顾客满意量表的 Cronbach's Alpha 系数

	Scale Mean if Item Deleted	Scale Variance if Item Deleted	Corrected Item-Total Correlation	Squared Multiple Correlation	Cronbach's Alpha if Item Deleted
CS1	8.6000	9.677	.986	.977	.990
CS2	8.6400	9.687	.990	.981	.988
CS3	8.5800	9.499	.981	.963	.994
Cronbach's Alpha=0.99, N of Items=3, N=114					

在搜寻式服务中，顾客能够通过对所接受的服务的各种互动、环境和结果等有形线索对服务质量进行判断。根据以上众多学者对顾客感知服务质量的分析，本研究提出测量搜寻式服务条件下的顾客感知质量问项：

SQ1：该店能够提供质量稳定可靠的服务和产品。

SQ2：与其他同档次的店相比，该店的总体质量比较高。

SQ3：该店的总体质量值得信赖。

SQ4：该店能为我提供应有质量的服务。

这些问项虽然与前人的研究略有不同，但基本项目都是一致的。Parasuraman，Zeithaml 和 Berry（1988）在其开发的服务质量量表中使用了与第三项相似的问项。Kim，Kim 和 An（2003）使用了与第二项和第四项相似的问项。Baldauf，Cravens 和 Binder（2003），Yoo，Donthu 和 Lee（2000），Yoo 和 Donthu（2001），Washburn 和 Plank（2002）和张彤宇（2005）的研究中都使用了与这些相似的问项。

（5）感知价值量表

顾客感知价值是顾客感知付出与其感知所得之间比较的结果（Zeithaml，1988；Monroe，1991）。顾客的感知付出不仅仅包括货币，还包括时间、精力和风险等（Naumann，1994）。顾客的感知所得是指顾客所感知到其所获得的各种利益，包括购买产品所带来的功能性利益和社会性利益，以及为获得产品时所付出的成本的节省等因素。顾客的感知价值不仅仅是感知所得与感知付出之间的比较的结果，它还受市场竞争、顾客个性特征等一些因素的影响（Bolton 和 Drew，1991）。因此，顾客价值常常是与一定的背景相联系的。Woodruff（1997）认为，顾客价值是顾客以竞争企业的产品或服务作为其比较背景的评估过程。范秀成和罗海成（2003）认为，顾客感知价值具有五个显著特点：主观性、多维性、层次性、比较性和权变性。

表 4.9　　　信任量表的 Cronbach's Alpha 系数

	Scale Mean if Item Deleted	Scale Variance if Item Deleted	Corrected Item-Total Correlation	Squared Multiple Correlation	Cronbach's Alpha if Item Deleted
CTC1	24.6300	88.175	.979	.965	.994
CTC2	24.6100	87.392	.985	.988	.993
CTC3	24.6500	86.937	.985	.987	.993
CTB1	24.6600	88.227	.979	.982	.994
CTB2	24.6600	88.934	.976	.956	.994
CTB3	24.6900	89.206	.983	.985	.993
Cronbach's Alpha=0.99, N of Items=6, N=114					

表 4.10　　　服务忠诚量表的 Cronbach's Alpha 系数

	Scale Mean if Item Deleted	Scale Variance if Item Deleted	Corrected Item-Total Correlation	Squared Multiple Correlation	Cronbach's Alpha if Item Deleted
LOY1	22.4900	63.889	.982	.978	.996
LOY2	22.5300	64.029	.988	.986	.996
LOY3	22.5300	64.595	.990	.987	.996
LOY4	22.5300	64.858	.991	.990	.996
LOY5	22.4900	64.858	.987	.979	.996
LOY6	22.4800	64.777	.991	.985	.996
Cronbach's Alpha=0.99, N of Items=6, N=114					

（3）预调研的效度检验

我们根据前面的信度分析结果，删除了信度不符合要求的
问项（SQ1），并用剩下的问项进行效度检验。

我们采用了主成分分析法，以特征 1 来截取数据，通过 KMO 和 Bartlett 的 Test Of Sphericity 法对因子分析的适用条件程度进行检验，查看了公因子方差比，并用方差最大化正交旋转来简化对因子的解释，分别对外生潜变量和内生潜变量的观测问项进行了因子分析，结果见表 4.11、4.12、4.13、4.14。

表 4.11　　　　外生潜变量的因子分析结果

Kaiser-Meyer-Olkin Measure of Sampling Adequacy.		. 908
Bartlett's Test of Sphericity	Approx. Chi-Square	3979. 554
	df	91
	Sig.	. 000

表 4.11 显示，KMO 的数值为 0.908，因此，各变量间的相关程度无差异，数据非常适合做因子分析。Bartlett's 球形检验也被拒绝（p<0.000）。

表 4.12　外生潜变量的观测变量的探索性因子分析

	Component		
	1	2	3
INA1	. 881		
INA2	. 874		
INA3	. 871		
INA4	. 881		
INA5	. 881		
PY1		. 848	
PY2		. 849	
PY3		. 864	
PY4		. 867	
PY5		. 856	

表4.12(续)

	Component		
	1	2	3
PU1			.892
PU2			.896
PU3			.885
PU4			.886

注：空白处为载荷数小于0.5的数据，本研究未列出。

从表4.12中，我们可以看到，共析出了3个特征根值大于1的因子，它们的方差解释比例为93.963%。

表4.13　　　内生潜变量的探索性因子分析结果

Kaiser-Meyer-Olkin Measure of Sampling Adequacy.		.884
Bartlett's Test of Sphericity	Approx. Chi-Square	6463.945
	df	231
	Sig.	.000

从表4.13中，我们可以看到，KMO值达到0.884，因此，各变量间的相关程度无差异，数据非常适合做因子分析；Bartlett's球形检验显著（p<0.000）。

表4.14　内生潜变量的观测变量的探索性因子分析

	Component					
	1	2	3	4	5	6
SQ2				.760		
SQ3				.761		
SQ4				.746		
PV1			.770			

表4.14(续)

	Component					
	1	2	3	4	5	6
PV2			.774			
PV3			.774			
PV4			.744			
CS1					.673	
CS2					.664	
CS3					.664	
CTC1	.732					
CTC2	.730					
CTC3	.731					
CTB1	.728					
CTB2	.742					
CTB3	.749					
LOY1		.715				
LOY2		.713				
LOY3		.704				
LOY4		.712				
LOY5		.707				
LOY6		.715				

注：空白处为载荷数小于0.5的数据，本研究未列出。

分析结果表明，共有5个因子的特征根值大于1，它们的累计方差解释比例为98.43%。各因子载荷系数都大于0.664（空白处为因子载荷系数小于0.5的部分），从各因子载荷系数可以看出，这5个因子与研究模型中的5个结构变量分别对应。

根据前面的探索性因子分析，我们认为，本研究的研究模型的结构变量基本上达到了有效的测度，各问项的设计也基本符合研究理论的要求。

3. 预调研问卷的修正

根据前面对问卷的信度和效度分析，经过修正，我们得出了正式调研的问卷。总的说来，数据分析的结果表明，问卷具有较高的信度和效度水平。

三、搜寻式服务的服务忠诚形成机制的实证研究及数据分析

这部分主要介绍实证研究的实施情况，运用结构方程模型方法对外部模型进行验证性因子分析的结果以及对内部模型进行路径检验，修正设定模型，比较竞争模型和确定最终模型，并对研究的结果加以讨论。

（一）调查的实施

这部分包括样本的选取和调查实施的具体操作过程两个部分。

1. 样本的选取

为达到样本选取上的比较客观和广泛，具有比较高的代表性，本研究在我国东、西部分别针对重庆、四川、广东和福建等几个省（市）的消费者进行调查。调查主要在人群比较集中，而且受访人员较空闲，具有充足的时间来答题的车站、休闲场所等地方进行。

2. 调查实施过程

调查的具体操作程序是：先向受访人员说明调查人员的身份，简要说明调查的目的，询问受访人员是否接受过某类搜寻式服务的经历，并告之将给其一份小礼物作为填写问卷的答谢。视每个受访者所接受过的服务类情况，让其填答对应服务类型的问卷。若受访者所经历的服务事件已经久远，没有印象了，则谢绝其填答。然后分发问卷和礼物，调查人员在旁等候，以解答答题者可能提出的疑问，并提醒他们，要求仔细地慢慢填答。回收问卷时，逐个检查填答是否完整，对被遗漏的部分，及时要求其作出补充或给予重新填答。问卷回收完毕，向填答

人员道谢，开始对新的受访人员的调查。

由于在问卷设计过程中，调查人员就曾经多次开展问卷调查活动，积累了一些调研的经验，所以在正式调研时，调研工作相当顺利，基本达到了预期的目的。

正式调研共发放搜寻式服务的问卷 1000 份，回收有效问卷 783 份，有效回收率为 78%。

（二）样本的基本特征

我们从被访人员的年龄、性别、家庭收入和受教育程度四个方面进行统计，见表 4.15。

表 4.15　　　　正式调查样本基本情况统计表

年龄	人数	百分比（%）	全家月收入（元）	人数	百分比（%）
20 岁以下	76	9.70	2000 元以下	81	10.34
20~29	349	44.57	2001-4000	134	17.11
30~39	227	28.99	4001-6000	358	45.72
40~49	98	12.51	6001-8000	182	23
50~59	21	2.68	8001-10000	11	1.40
60 岁以上	5	0.64	10001 以上	5	0.64
缺失值	7	0.89	缺失值	12	1.53
受教育程度	人数	百分比（%）	性别	人数	百分比（%）
小学及以下	3	0.38	男	381	48.66
初中	25	3.19	女	396	50.57
高中或中专	386	49.30	缺失值	6	0.76
大专	221	28.22			
本科	138	17.62			
硕士及以上	3	0.38			
缺失值	7	0.89			

（三）验证性因子分析

这部分主要对外部模型的信度和效度进行检验分析。

1. 信度分析

综合信度 ρ_c 系数和 AVE 值也是检验外部模型的信度的常用信度指数。

我们用综合信度指数、Cronbach's Alpha 对正式调研的外部模型的信度进行检验。见表 4.16。

表 4.16　综合信度指数和 Cronbach's Alpha 信度检验结果表

概念	问项数	Cronbach's Alpha 系数	综合信度系数
INA	5	0.98	0.97
PY	5	0.96	0.96
PU	4	0.97	0.96
SQ	3	0.95	0.99
PV	4	0.98	0.98
CS	3	0.99	0.99
CT	6	0.97	0.98
LOY	6	0.99	0.98

综合信度和 Cronbach's Alpha 系数的判断取值相同。从表 4.16 中，我们可以看到，外部模型各因素的综合信度指数和 Cronbach's Alpha 值都达到了要求，通过了信度检验。

2. 效度分析

通过用 SPSS 软件对样本进行探索性因子分析，结果显示，提取的因子均跟所研究的 8 个因子相对应，Bartlett's 球形检验也都显著（$p<0.000$），外生潜变量的 KMO=0.92，累计方差为

81. 63%；内生潜变量的 KMO = 0. 97，累计方差为 90. 06%。下面我们报告用 LISREL8. 7 软件所做的验证性因子分析的情况：

（1）外部模型的拟合优度

先来看外部模型的拟合优度，从而判断外部模型的效度，见表 4. 17。

表 4. 17　　　　　　外部模型拟合优度指数表

卡方值				1312. 56 （P = 0. 0）	
自由度				663	
X^2/df				1. 98	
RMSEA				0. 08	
CFI				0. 95	
IFI				0. 95	
NFI				0. 94	
NNFI				0. 95	
PNFI				0. 89	
PGFI				0. 70	

从表 4. 17 中可以发现，$X^2 = 1312. 56$（P = 0. 0），$X^2/df = 1. 98$，RMSEA = 0. 08，都在可接受的范围内；NFI = 0. 94，NNFI = 0. 95，CFI = 0. 95，IFI = 0. 95，PNFI = 0. 89，PGFI = 0. 70，都大于相应的可接受标准。可见，我们的外部模型的各项指标都是在可接受的范围内的，模型拟合度能够被接受。也就是说，外部模型是成立的。

（2）收敛效度

一般说来，在因子分析中，因子负荷的情况是最为重要的，它很好地检验了测量问卷的测量品质（邱浩政，2003）。所以，下一步，我们再来看看各变量的载荷系数，并计算各潜变量的 AVE（Average Value Extacted）值，它们都是判断量表的收敛效度的重要方法（李建州，2006），见表 4.18。

表 4.18 　　　　　各变量的载荷系数和 AVE 值

潜变量	问项	标准化负荷	参数估计值（未标准化）	T 值	标准误（SE）
INA	INA1	0.96	1.79	17.18	0.07
	INA2	0.90	1.66	15.15	0.19
	INA3	0.88	1.62	14.61	0.23
	INA4	0.96	1.74	17.06	0.08
	INA5	0.98	1.73	17.62	0.05
PU	PU1	0.90	1.24	15.26	0.18
	PU2	0.95	1.27	16.67	0.10
	PU3	0.93	1.32	16.09	0.13
	PU4	0.94	1.31	16.38	0.11
PY	PY1	0.92	1.50	15.89	0.15
	PY2	0.89	1.42	15.01	0.20
	PY3	0.80	1.39	12.61	0.05
	PY4	0.96	1.54	16.96	0.08
	PY5	0.96	1.57	17.17	0.07
SQ	SQ1	0.98	0.98	48.92	0.04
	SQ2	0.98	0.99	46.73	0.04
	SQ3	0.98	1.00	45.68	0.05
PV	PV1	0.98	1.66	42.01	0.05
	PV2	0.97	1.62	37.14	0.07

表4.18(续)

潜变量	问项	标准化负荷	参数估计值（未标准化）	T 值	标准误（SE）
	PV3	0.98	1.63	40.80	0.05
	PV4	0.96	1.60	34.07	0.08
CS	CS1	0.84	2.20	34.40	0.03
	CS2	0.99	2.20	38.40	0.02
	CS3	0.99	2.16	51.39	0.02
CT	CT1	0.97	1.84	37.90	0.03
	CT2	0.98	1.90	39.91	0.06
	CT3	0.97	1.88	36.99	0.04
	CT4	0.96	1.90	34.32	0.05
	CT5	0.94	1.88	29.54	0.07
	CT6	0.96	1.90	32.48	0.11
LOY	LOY1	0.99	1.73	49.25	0.08
	LOY2	0.98	1.71	48.91	0.11
	LOY3	0.99	1.74	59.02	0.05
	LOY4	0.99	1.71	54.09	0.08
	LOY5	0.99	1.72	58.40	0.06
	LOY6	0.99	1.72	55.67	0.07

注：表中的 SQ1、SQ2 和 SQ3 为剔除原问卷中的 SQ1 后，重新调整后的服务质量问项顺序。

从表4.18中可以看到，所有变量的标准化载荷系数都小于1，而且变量的标准化载荷达到了0.70以上，所有变量的 T 值都大于2，各变量都显著地不等于0，通过了显著性检验。上述结果表明，各观测变量是能够较好地解释相应的各个潜变量的，也就是说，本研究的外部模型的各变量具有较高的收敛效度水平。

（3）区别效度

区别效度可以通过各潜变量的 AVE 值的平方根与该潜变量跟其他潜变量之间的相关系数的绝对值加以比较得出。见表 4.19。

表 4.19　潜变量 AVE 值的平方根与相关系数的比较表

	LOY	PV	CT	CS	SQ	PU	PY	INA
LOY	0.96							
PV	0.77	0.97						
CT	0.53	0.58	0.97					
CS	0.66	0.69	0.71	0.99				
SQ	0.60	0.70	0.61	0.71	0.98			
PU	0.62	0.70	0.67	0.77	0.71	0.93		
PY	0.53	0.63	0.58	0.57	0.65	0.59	0.94	
INA	0.49	0.56	0.58	0.59	0.64	0.56	0.62	0.94

注：对角线上的数字为 AVE 值的平方根。

从表 4.19 中可以清楚地看到，各概念的区别效度也都达到了要求。

（四）结构模型分析

本研究运用 LISREL8.7 软件，通过最大似然法（Maximum Likelihood Method）对结构模型的数据进行分析，从而了解理论设定模型的合理性，考察各潜变量之间的关系，检验、判断各竞争模型状况并确定最终模型。

1. 理论设定模型分析

首先，对设定模型的拟合优度进行测量，结果见表 4.20。

表 4.20				设定理论模型的拟合优度	
卡方值				1204.94 (P=0.0)	
自由度				607	
X^2/df				1.985	
RMSEA				0.076	
CFI				0.98	
IFI				0.98	
NFI				0.97	
NNFI				0.98	
PNFI				0.89	
PGFI				0.62	

从表 4.20 中可以发现，卡方值 = 1204.94（P = 0.0），RMSEA = 0.076，NFI = 0.97，NNFI = 0.98，CFI = 0.98，IFI = 0.98，PNFI = 0.89，PGFI = 0.62，都大于相应的可接受标准。可见，设定模型的各项指标都是在可接受的范围内的，模型拟合得较好，说明模型的效度好，也就是说，设定模型的结构是合理的，模型在整体上成立。

2. 设定理论模型的路径系数和假设检验

结构方程的外部模型通过了信度、效度的检验。接下来对结构方程的内部模型的各潜变量之间的路径系数进行检验（见表 4.21）。

图 4.2 是内部模型的路径系数情况（为简化图形，未能通过显著性检验的路径没有标出其路径）。

从图 4.2 中可以看到，在 18 条假设路径中，共有 16 个假设路径通过了显著性检验，但还有 2 条假设路径未能通过显著性检验。

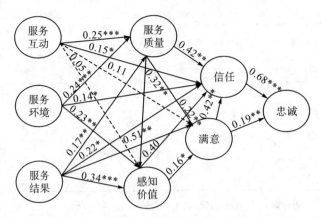

Chi-Square=1204.94, df=607, P-value=0.00000, RMSEA=0.076
注：*=P<0.05,**=P<0.01,***=P<0.001

图 4.2　设定理论模型的路径系数

表 4.21　设定模型的结构模型及研究假设检验表

关系	假设	估计值 （标准化）	T 值	结果
INA-SQ	H1	0.25	3.73	√
INA-PV	H2	0.04	0.68	×
INA-CS	H3	0.11	1.85	×
INA-CT	H4	0.15	2.08	√
PY-SQ	H5	0.24	3.44	√
PY-PV	H6	0.23	2.90	√
PY-CT	H7	0.14	1.96	√
PU-SQ	H8	0.17	6.13	√
PU-PV	H9	0.34	4.33	√
PU-CS	H10	0.51	5.81	√
PU-CT	H11	0.22	2.53	√
SQ-PV	H12	0.32	3.64	√

表4.21(续)

关系	假设	估计值（标准化）	T值	结果
SQ–CS	H13	0.22	2.89	√
SQ–CT	H14	0.42	3.25	√
PV–CS	H15	0.16	2.35	√
CS–CT	H16	0.42	3.35	√
CS–LOY	H17	0.19	2.99	√
CT–LOY	H18	0.68	8.04	√

注：表中的√指已经通过检验。

根据结构方程模型修正的一般做法，我们选取了路径增减的方式来实现对结构方程模型的修正。

3. 最终模型及其分析

去掉原模型中不显著的路径，再根据 MI 值，增加了一条路径，形成了竞争模型。两者的比较见图 4.3、表 4.22。

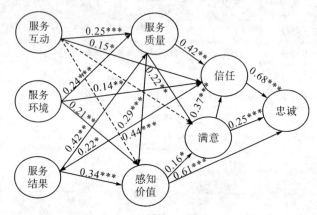

Chi-Square=1176.40, df=611, P-value=0.00000, RMSEA=0.074

图 4.3　竞争模型

表 4.22　设定模型与竞争模型的拟合优度比较表

	设定模型	竞争模型
卡方值	1204.94（P＝0.0）	1176.40（P＝0.0）
自由度	607	611
X^2/df	1.985	1.925
RMSEA	0.076	0.074
CFI	0.98	0.99
IFI	0.98	0.99
NFI	0.97	0.97
NNFI	0.98	0.98
PNFI	0.89	0.89
PGFI	0.62	0.63

可以看到，竞争模型的绝对拟合指数 X^2/df 和近似误差均方根 RMSEA 都比设定模型有所减少，其他值虽然没有明显的提高，但也没有降低的情况。这就是说，竞争模型要比设定模型的拟合水平高一些。这时已经没有可以增加的路径，因此，竞争模型即为最终模型（见表 4.23）。

表 4.23　最终模型的标准化路径系数和显著性检验情况表

关系	假设	参数	估计值（标准化）	T 值	结果
INA-SQ	H1		0.25	3.75	√
INA-PV	H2		0.05	0.72	×
INA-CS	H3		0.11	1.85	×
INA-CT	H4		0.15	2.09	√

表4.23(续)

关系	假设	参数	估计值 (标准化)	T值	结果
PY-SQ	H5		0.24	3.46	√
PY-PV	H6		0.21	2.94	√
PY-CT	H7		0.14	1.97	√
PU-SQ	H8		0.42	6.18	√
PU-PV	H9		0.34	4.37	√
PU-CS	H10		0.44	5.82	√
PU-CT	H11		0.22	2.54	√
SQ-PV	H12		0.29	3.59	√
SQ-CS	H13		0.22	2.90	√
SQ-CT	H14		0.42	3.25	√
PV-CS	H15		0.16	2.33	√
CS-CT	H17		0.37	4.27	√
CS-LOY	H18		0.25	3.82	√
CT-LOY	H19		0.68	8.04	√
PV-LOY	新增		0.61	9.11	√

注：√为通过检验的路径，×为未能通过检验的路径。

4. 讨论

新增路径的出现，证实了一些学者关于感知价值之间的直接作用关系的观点。例如，Cronin，Brady 和 Hult（2000）的研究表明，顾客感知价值在通过满意对忠诚产生间接作用的同时，还对服务忠诚具有直接的作用。

总的说来，搜寻式服务的顾客忠诚机制符合人们对服务忠诚形成机制的主流看法，即外生变量虽然各异，但内生变量主要是服务质量、感知价值、顾客满意、信任和忠诚。内生变量之间总体上来看，存在渐次递进的影响关系。但在具体细节上，不同的学者的研究结论略有差异。

第二节　体验式服务的顾客忠诚形成机制研究

一、体验式服务的顾客忠诚形成机制理论假设与模型

体验式服务是通过消费者的体验来感受服务的质量和价值，并在此基础上形成满意或不满意情感的。因此，在体验式服务中，服务过程的互动、服务环境和服务结果这三个因素中，前两者对消费者的质量感知起到了十分重要的作用，而最后的服务结果则主要体现为消费者的感知，包括服务质量、价值感知、满意感和信任感。本研究结合服务营销理论的七 P 理论，对体验式服务的服务忠诚形成机制作如下理论推导：

（一）服务互动与顾客评价

服务过程的一个重要内容就是服务接触问题。服务接触常被认为是顾客与企业之间的互动（Lovelock，1988）。从顾客角度来看，服务接触则代表着服务企业的表现（Bitner，Booms 和 Tetreault，1990）。在体验式服务中，服务的核心往往就是服务的过程。因为，正是服务的过程实现了顾客的服务体验，使之感受到了服务的价值，满足了其对服务体验的需求。因此，服务的过程性的价值在体验式服务中能得到比较充分的展示。在 Gronroos（1984）所提出的技术质量和功能质量中的功能质量维度就是指服务过程中顾客所经受的经历的感知水平。虽然有些学者认为顾客在服务过程中所经受的经历感受与其在服务经历中的实际所得一样重要（Mayer，Bowen 和 Rmoulton，2003），但

在体验式服务中这种提法可能还不足于说明服务过程对服务体验的价值。由于服务过程是体验式服务的核心，在其他服务中所表现出来的技术质量，即在服务传递过程中所实际发生的结果实际上更多地表现为顾客的体验，而这种体验建基于顾客的经历感知，因此，在体验式服务中，功能质量的作用和价值往往决定了技术质量的意义。

在体验式服务中，顾客参与是重要的内容之一。正是顾客的参与使得顾客的服务体验得以实现，完成了服务的传递过程（Gronroos，1984；Smith，Bolton，Wagner，1999）。因此，在体验式服务中，服务就是传递过程这种说法是比较符合其特征的。也正是体验式服务具有鲜明的过程性特点，使得许多服务营销实务管理人员把服务的过程规范化、标准化，以使这种非固体产品形式的服务过程能保持相对的稳定性，确保服务的质量。甚至，有些人提出以工业化式的生产方式来提供这种过程化的服务（Levitt，1976）。这种工业化生产方式的服务提供模式强调以尽可能多的技术设备来替代服务人员的工作。谢春昌（2013）认为，在很多人员接触密度大的服务中，服务并不可能都使用机器设备来替代，这时，营销实务界所采取的服务的标准化的做法能在一定程度上达成服务传递过程更为流畅，服务效率更高，节省顾客的时间、精力成本，提高顾客的服务质量和价值的感知的作用，当然也能提高顾客的满意度。Onkvisit 和 Shaw（1989）的研究表明，比较高的工作标准化程度能产生一个比较清楚的企业形象和一个有效率的操作表现，而且，这样做的话，服务形象会影响顾客的形象，并进而影响他们对服务质量的感知和重购意愿。

服务过程中的互动不仅表现在其对顾客的服务质量感知和价值感知方面的影响，还表现在其对顾客信任的重要影响。由于很多时候人们之间的信任是建立在彼此的接触交往基础之上的，服务人员与顾客之间的服务互动为建立服务人员、服务企业与顾客之间的信任关系提供了条件。谢春昌（2013）的研究表明，人员服务过程的标准化对顾客的信任具有积极的影响。人员服务过程的标准化意味着服务模式的相对衡定性，公平性，因此，服务人员在服务过程中的表现有利于顾客形成相对的可靠性和公平性感受，并有利于其对服务人员，特别是服务企业形成信任感受。根据以上阐述，本研究做出假设：

H1：服务互动与顾客的服务质量感知正相关。

H2：服务互动与顾客的服务价值感知正相关。

H3：服务互动与顾客满意正相关。

H4：服务互动与顾客的信任正相关。

（二）服务环境与顾客评价

在体验式服务中，顾客通过对外部服务条件的体验完成服务需求的满足。这些外部的服务条件可能是服务人员通过顾客与服务人员的互动来实现顾客的体验；也可能会是服务企业所提供的服务设备设施，如电子游戏的服务的设备等；还可能是人文或自然的环境条件，如旅游服务中的旅游景点等。一般说来，各种服务的外在条件并不是孤立的，而是共同地对顾客的服务体验起着作用，形成顾客最终的服务总体验。因此，在体验式服务中，服务企业所提供的服务环境往往成为顾客消费服务的最为重要的部分。很多时候，消费者所购买的核心服务就存在于服务环境之中。

服务企业的有形服务环境为服务质量和价值的评判提供了有形的线索依据。表现为"无形"的企业文化则构成了服务的氛围环境，或者说是软环境，对消费者感知的影响也是不容忽视的。这些软环境包括企业身份、组织文化、企业行为、沟通交流的政策和顾客的价值观（Balmer，1995；Fillis，2003；Gioia，Schultz，Corley，2000；Hatch，Schultz，2003；Olsen，O'

Neill，1989；Schuler，2004）等各个方面。这些因素对顾客的影响既可能是单独发生作用的，也可能是与有形线索相结合，共同影响顾客的体验的。体验式服务的服务环境最为重要的功能就是影响顾客的各种感知，包括服务质量和价值的感知，并形成对服务企业的信任。

根据前面的论述，我们提出假设：

H5：服务环境与顾客的服务质量感知正相关。

H6：服务环境与顾客的服务价值感知正相关。

H7：服务环境与顾客满意正相关。

H8：服务环境与顾客对服务企业的信任正相关。

（三）服务结果与顾客评价

体验式服务是顾客通过对服务企业所提供的各种服务进行体验后得到服务需求的满足的服务。因此，服务的结果就是顾客的体验。这种体验可能是愉悦的、恐怖的，也可能是平淡无奇的，甚至是令人失望的。但无论是什么样的体验，都是顾客对服务的感受，顾客都会从这些体验中形成对服务的质量、价值的评估，并根据其体验感受得出是否满意的情感反应。因此，与搜寻式服务不同，体验式服务的结果并不是服务质量、价值的自变量，而是服务质量和价值本身，是服务过程和服务环境的因变量，并对服务的顾客信任和忠诚产生影响。鉴于此，本研究把服务的结果归为服务质量和价值感知这两个因素，并认为它们是服务的顾客信任和忠诚的前置变量。

与搜寻式服务相似，体验式服务给顾客带来的服务质量会正向影响顾客的价值感知，而这种价值感知又对顾客的满意形成正向的影响。在近期的营销研究文献中，Tam（2004）通过对餐馆服务这一体验式服务的实证研究表明，顾客的感知服务质量确实会对其感知价值产生积极的影响。体验式服务的质量与感知价值之间的正相关关系在谢春昌（2013）的研究中也得到了证实。因此，体验式服务中顾客所形成的对服务质量和价值的评价也应该像搜寻式服务中的服务一样，会让消费者对服务企业形成信任与忠诚。本研究做出如下假设：

H9：体验式服务中，顾客的服务质量感知与其价值感知正相关。

H10：体验式服务中，顾客的服务质量感知与顾客满意正相关。

H11：体验式服务中，顾客的服务质量感知与其对服务企业的信任正相关。

H12：体验式服务中，顾客的服务价值感知与顾客满意正相关。

H13：体验式服务中，顾客的服务价值感知与其对服务企业的信任正相关。

H14：体验式服务中，顾客满意与顾客信任正相关。

H15：体验式服务中，顾客满意与服务忠诚正相关。

H16：体验式服务中，顾客对服务企业的信任与其忠诚正相关。

构建模型见图4.4。

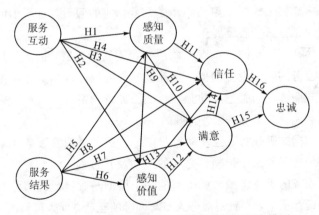

图4.4　体验式服务的顾客忠诚形成机制研究模型

资料来源：本研究设计。

二、体验式服务的服务忠诚形成机制的实证研究设计

（一）量表设计

本研究在设计体验式服务的量表时，也跟搜寻式服务的问卷设计一样，采取尽量利用已有相关文献的量表中的问项，对于其中一些前人没有使用过的问项，也采取焦点小组访谈等方法进行问项设计。同时，对设计好的量表也先进行预调研，并在对预调研结果进行分析的基础上修改问卷，设计正式调研问卷。最终以正式调研问卷及其调研结果检验、分析本研究所提出的体验式服务的顾客忠诚形成机制理论假设。

与搜寻式服务类似，体验式服务的质量、顾客感知价值、满意和信任等因素都在本研究中得到测度，以明确这些因素在体验式服务情形中与服务忠诚之间的关系。

对于体验式服务，本研究主要根据服务营销组合的七个 P 在服务的互动和环境这两个因素的具体体现，探索体验式服务的顾客忠诚形成机制模型，并提出了相应的假设。这里的问卷设计也依据这些假设展开。

本研究以旅游景点服务的消费者为调研对象。因此，与搜寻式服务的问卷设计相似，这部分的量表设计将侧重了解这些体验式服务中的服务互动和环境的服务营销组合因素对顾客感知的影响及其最终对服务忠诚的作用。

体验式服务的服务互动也与搜寻式服务类似，服务互动主要表现为服务人员与顾客之间的互动及其过程。因此，根据体验式服务的服务忠诚形成机制的理论模型与假设，这部分的问卷的设计也主要是针对服务人员与顾客的互动方面来进行的。

在体验式服务中，服务环境也主要是指提供服务时所涉及的有形展示及各种环境线索。Auty（1992）对餐馆的研究表明，如果有合适的时间和场景的话，餐馆的风格和氛围就会成为影

响顾客选择餐馆时的决定性的因素。因此，体验式服务的服务互动、服务环境的问项设计可以使用与搜寻式服务相同的量表。

体验式服务的结果就是顾客的服务体验。这种体验表现为顾客的服务质量和价值感知。因此，体验式服务的结果是受服务互动和环境因素等外生变量影响的一种内生变量。基于此，本研究只把服务互动和服务环境作为外生变量来加以处理，而把体现为服务结果的服务质量和感知价值作为服务的内生变量对待。同时，在服务忠诚理论中，服务质量和感知价值又是服务忠诚的重要前置因素，因此，本研究仍借用搜寻式服务中的服务质量、感知价值、顾客满意、信任和忠诚的量表。

（二）量表的信度和效度检验

这些量表的信度和效度已经在前面对搜寻式服务的研究中得到了检验，因此，这里不再进行预调研及其数据的分析。

三、体验式服务的服务忠诚形成机制的实证研究及数据分析

（一）体验式服务的调查实施与样本基本特征

1. 调查实施

体验式服务的正式调研共发放问卷 800 份，回收有效问卷 601 份，有效回收率为 75%。具体的调查过程与方法与搜寻式服务相同。这里不再赘述该服务的调查实施过程。

2. 样本的基本特征

本研究从受访人员的年龄、性别、家庭收入和受教育程度四个方面对受访者进行统计（如表 4.24 所示）。

表 4.24　　　　　　　正式调查样本基本情况统计表

年龄	人数	百分比（%）	全家月收入（元）	人数	百分比（%）
20 岁以下	53	8.80	2000 元以下	64	10.06
20~29	292	48.59	2001~4000	111	18.47
30~39	169	28.12	4001~6000	283	47.09
40~49	66	10.98	6001~8000	129	21
50~59	13	2.16	8001~10000	6	1.00
60 岁以上	3	0.50	10001 以上	3	0.50
缺失值	5	0.83	缺失值	5	0.83
受教育程度	人数	百分比（%）	性别	人数	百分比（%）
小学及以下	2	0.33	男	303	50.42
初中	21	3.49	女	292	48.59
高中或中专	314	52.25	缺失值	6	1.00
大专	163	27.12			
本科	96	15.97			
硕士及以上	1	0.17			
缺失值	4	0.67			

（二）验证性因子分析

这部分主要对外部模型的信度和效度进行检验分析。

1. 信度分析

我们仍然用综合信度指数、Cronbach's Alpha 对正式调研的体验式服务的外部模型的信度进行检验。见表 4.25。

表 4.25　综合信度指数和 Cronbach's Alpha 信度检验结果表

概念	问项数	Cronbach's Alpha 系数	综合信度系数
INA	5	0.97	0.97
PY	5	0.94	0.96
SQ	3	0.93	0.98
PV	4	0.96	0.98
CS	3	0.98	0.99
CT	6	0.96	0.95
LOY	6	0.98	0.98

综合信度和 Cronbach's Alpha 系数的判断取值相同。我们可以看到，外部模型各因素的综合信度指数和 Cronbach's Alpha 值都达到了要求，通过了信度检验。

2. 效度分析

通过用 SPSS 软件对体验式服务的样本进行探索性因子分析，结果显示，提取的因子均跟所研究的 8 个因子相对应，Bartlett's 球形检验也都显著（$p<0.000$），外生潜变量的 KMO $=0.92$，累计方差为 81.63%；内生潜变量的 KMO$=0.97$，累计方差为 90.06%。下面我们报告用 LISREL8.7 软件所做的验证性因子分析的情况：

（1）外部模型的拟合优度

先来看外部模型的拟合优度，从而判断外部模型的效度，见表 4.26。

表 4.26　　　　　　　外部模型拟合优度指数表

卡方值				1129.36 （P=0.0）	
自由度				569	
X^2/df				1.98	
RMSEA				0.07	
CFI				0.97	
IFI				0.97	
NFI				0.96	
NNFI				0.96	
PNFI				0.90	
PGFI				0.72	

　　从表 4.26 中可以看到，$X^2 = 1129.36$（P = 0.0），$X^2/df =$ 1.98，RMSEA = 0.07，都在可接受的范围内；NFI = 0.96，NNFI = 0.96，CFI = 0.97，IFI = 0.97，PNFI = 0.90，PGFI = 0.72，都大于相应的可接受标准。可见，我们的外部模型的各项指标都是在可接受的范围内的，模型拟合度能够被接受。也就是说，外部模型是成立的。

　　（2）收敛效度

　　一般说来，在因子分析中，因子负荷量的情况是最为重要的，它很好地检验了测量问卷的测量品质（邱浩政，2003）。所以，下一步，我们再来看看各变量的载荷系数，并计算各潜变量的 AVE（Average Value Extacted）值，它们都是判断量表的收敛效度的重要方法（李建州，2006），见表 4.27。

表 4.27　　　　　　各变量的载荷系数和 AVE 值

潜变量	问项	标准化负荷	参数估计值（未标准化）	T 值	AVE 值	标准误（SE）
INA	INA1	0.95	1.78	16.23		0.08
	INA2	0.91	1.67	14.27		0.18
	INA3	0.88	1.62	14.56	0.87	0.21
	INA4	0.96	1.74	17.60		0.09
	INA5	0.96	1.73	17.59		0.07
PY	PY1	0.90	1.48	16.00		0.16
	PY2	0.89	1.40	15.00		0.21
	PY3	0.81	1.36	12.63	0.87	0.06
	PY4	0.96	1.52	17.00		0.08
	PY5	0.95	1.56	17.10		0.08
SQ	SQ1	0.98	1.02	46.89		0.05
	SQ2	0.98	0.98	48.96	0.94	0.06
	SQ3	0.97	0.97	46.68		0.07
PV	PV1	0.97	1.69	42.00		0.06
	PV2	0.95	1.65	37.12		0.09
	PV3	0.98	1.61	40.79	0.93	0.07
	PV4	0.95	1.62	34.01		0.08
CS	CS1	0.83	2.19	34.29		0.04
	CS2	0.98	2.19	38.41	0.97	0.03
	CS3	0.98	2.15	51.42		0.02

表4. 27（续）

潜变量	问项	标准化负荷	参数估计值（未标准化）	T 值	AVE 值	标准误（SE）
CT	CT1	0.96	1.85	37.96		0.05
	CT2	0.97	1.91	39.90		0.06
	CT3	0.96	1.87	37.01	0.82	0.06
	CT4	0.95	1.89	34.32		0.05
	CT5	0.94	1.89	29.59		0.08
	CT6	0.96	1.91	32.38		0.09
LOY	LOY1	0.99	1.75	49.02		0.09
	LOY2	0.98	1.76	48.87		0.10
	LOY3	0.98	1.75	59.09	0.93	0.05
	LOY4	0.99	1.73	54.12		0.08
	LOY5	0.98	1.71	58.36		0.06
	LOY6	0.99	1.72	55.68		0.07

从表4. 27 中可以看到，所有变量的标准化载荷系数都小于1，而且变量的标准化载荷达到了 0.70 以上，所有变量的 T 值都大于2，各变量都显著地不等于0，通过了显著性检验。上述结果表明，各观测变量是能够较好地解释相应的各个潜变量的，也就是说，本研究的外部模型的各变量具有较高的收敛效度水平。

（3）区别效度

区别效度可以通过各潜变量的 AVE 值的平方根与该潜变量跟其他潜变量之间的相关系数的绝对值加以比较得出。见表 4. 28。

表4.28 潜变量 AVE 值的平方根与相关系数的比较表

	LOY	PV	CT	CS	SQ	PY	INA
LOY	0. 96						
PV	0. 75	0. 96					
CT	0. 52	0. 56	0. 91				
CS	0. 66	0. 67	0. 70	0. 98			
SQ	0. 59	0. 69	0. 61	0. 71	0. 97		
PY	0. 53	0. 64	0. 58	0. 57	0. 63	0. 93	
INA	0. 47	0. 55	0. 57	0. 58	0. 63	0. 61	0. 93

注：对角线上的数字为 AVE 值的平方根。

从表4.28 中可以清楚地看到，各概念的区别效度也都达到了要求。

（三）结构模型分析

本研究运用 LISREL8.7 软件，通过最大似然法（Maximum Likelihood Method）对结构模型的数据进行分析，从而了解理论设定模型的合理性，考察各潜变量之间的关系，检验、判断各竞争模型状况并确定最终模型。

1. 理论设定模型分析

首先，对设定模型的拟合优度进行测量，结果见表4.29。

表4.29 设定理论模型的拟合优度

卡方值			1112. 63 (P=0.0)	
自由度			572	
X^2/df			1. 945	
RMSEA			0. 078	
CFI			0. 98	
IFI			0. 98	

表4.26(续)

卡方值			1112.63 (P=0.0)	
NFI			0.98	
NNFI			0.98	
PNFI			0.90	
PGFI			0.71	

从表4.29可以发现，卡方值=1112.63（P=0.0），RMSEA =0.078，CFI=0.98，IFI=0.98，NFI=0.98，NNFI=0.98，PNFI =0.90，PGFI=0.71，都大于相应的可接受标准。可见，设定模型的各项指标都是在可接受的范围内的，模型拟合得较好，说明模型的效度好，也就是说，设定模型的结构是合理的，模型在整体上成立。

2. 设定理论模型的路径系数和假设检验

图4.5是内部模型的路径系数情况（未能通过显著性检验的路径没有标出其路径），对该模型的研究假设检验见表4.30。

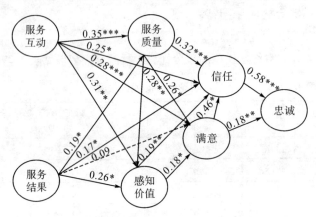

Chi-Square=1112.63, df=572, P-value=0.00000, RMSEA=0.078

图4.5　设定理论模型的路径系数

从表4.30中可以看到，在16条假设路径中，共有15个假设路径通过了显著性检验，但还有1条假设路径未能通过显著性检验。

表4.30　设定模型的结构模型及研究假设检验表

关系	假设	估计值 （标准化）	T值	结果
INA-SQ	H1	0.35	3.97	√
INA-PV	H2	0.31	2.91	√
INA-CS	H3	0.28	3.62	√
INA-CT	H4	0.25	2.43	√
PY-SQ	H5	0.19	2.59	√
PY-PV	H6	0.26	2.13	√
PY-CS	H7	0.09	1.91	×
PY-CT	H8	0.17	2.03	√
SQ-PV	H9	0.28	3.12	√
SQ-CS	H10	0.26	2.38	√
SQ-CT	H11	0.32	3.34	√
PV-CS	H12	0.18	2.31	√
PV-CT	H13	0.19	2.65	√
CS-CT	H14	0.46	3.11	√
CS-LOY	H15	0.18	2.96	√
CT-LOY	H16	0.58	4.97	√

注：表中的√指已经通过检验，×指未通过检验。

根据结构方程模型修正的一般做法，我们选取了路径增减的方式来实现对结构方程模型的修正。

3. 最终模型及其分析

去掉原模型中不显著的路径，增加了一条路径，形成了竞争模型（见图4.6）。对设定模型与竞争模型的拟合优度比较见表4.31。

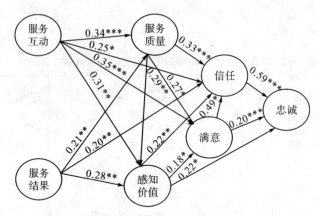

Chi-Square=1071.31, df=558, P-value=0.00000, RMSEA=0.076
*=P<0.05,**=P<0.01,***=P<0.001

图 4.6　竞争模型

表 4.31　设定模型与竞争模型的拟合优度比较表

	设定模型	竞争模型
卡方值	1112.63（P=0.0）	1071.31
自由度	572	558
X^2/df	1.945	1.920
RMSEA	0.078	0.076
CFI	0.98	0.99
IFI	0.98	0.99
NFI	0.98	0.98
NNFI	0.98	0.99
PNFI	0.90	0.91
PGFI	0.71	0.73

可以看到，竞争模型的绝对拟合指数 X^2/df 和近似误差均方根 RMSEA 都比设定模型有所减少，其他值虽然没有明显的提高，但也没有降低的情况。这就是说，竞争模型要比设定模型的拟合水平高一些。这时已经没有可以增加的路径，因此，竞争模型即为最终模型。见表4.32。

表 4.32　最终模型的标准化路径系数和显著性检验情况表

关系	假设	估计值 （标准化）	T 值	结果
INA-SQ	H1	0.34	3.50	√
INA-PV	H2	0.31	2.92	√
INA-CS	H3	0.35	3.67	√
INA-CT	H4	0.25	2.42	√
PY-SQ	H5	0.21	2.65	√
PY-PV	H6	0.28	2.91	√
PY-CT	H8	0.20	3.05	√
SQ-PV	H9	0.29	3.10	√
SQ-CS	H10	0.27	2.56	√
SQ-CT	H11	0.33	3.36	√
PV-CS	H12	0.18	2.32	√
PV-CT	H13	0.22	2.67	√
CS-CT	H14	0.49	3.12	√
CS-LOY	H15	0.20	3.66	√
CT-LOY	H16	0.59	4.99	√
PV-LOY	新增	0.22	2.08	

注：表中的√指已经通过检验，×指未通过检验。

4. 讨论

新增路径的出现表明，与搜寻式服务相似，体验式服务的感知价值与服务忠诚之间也是存在直接的影响关系的。

总的说来，体验式服务的顾客忠诚机制也与搜寻式服务一样，符合人们对服务忠诚形成机制的主流看法，即外生变量虽然各异，但内生变量主要是服务质量、感知价值、顾客满意、信任和忠诚。内生变量之间总体上来看，存在渐次递进的影响关系。但在具体细节上，不同学者的研究结论略有差异。

第三节　信任式服务忠诚形成机制研究

一、信任式服务的顾客忠诚形成机制理论假设与模型构建

（一）服务互动与顾客的服务评价

信任式服务中，服务人员与顾客之间存在知识、能力上的明显差异，顾客往往并不具备与服务有关的比较深入的知识和较强的服务评价能力，这意味着顾客很难通过与服务人员的接触而比较准确地判断服务的质量和价值。因此，信任式服务中的服务人员与顾客之间的服务互动所提供的服务利益及其质量和价值的相关信息主要只是起到外围线索的提示作用。

在缺乏与服务相关的信息和能力的情形中，顾客往往会通过观察服务人员的服务行为，如服务人员的态度、专业术语的运用、技术操作的熟练程度等来分析、判断服务的质量和价值。甚至在很多时候，服务人员所表现出来的与服务并不存在直接相关性的一些言谈举止，衣着打扮等也都成为顾客评价服务的依据。在一些信任式服务中所使用到的服务的设备设施的运作状况也成为顾客评价服务的线索。由于服务互动中，往往会涉

及服务人员与顾客之间的情感交流，因此，情感成为影响顾客判断服务质量和价值的重要因素，这使得在缺乏服务的核心价值线索的情形中顾客的判断更为主观化。也正因为情感因素可能起作用，同时，服务互动过程中的各种因素可能起到服务质量和价值线索的作用，使得服务互动对于顾客与服务企业之间的信任关系的形成也存在一定的影响。

根据信任式服务的顾客感知服务互动的特点及其对顾客的服务评价中的作用，本研究提出如下假设：

H1：信任式服务中，服务互动与顾客的服务质量感知正相关。

H2：信任式服务中，服务互动与顾客的服务价值感知正相关。

H3：信任式服务中，服务互动与顾客对服务企业的信任正相关。

（二）服务环境与顾客的服务评价

与搜寻式、体验式服务一样，信任式服务的服务环境也是指服务开展的空间所在，包括服务的场所、建筑、装潢及其中的各种有形设施、设备的外在形态等有形线索。对于信任式服务而言，由于顾客无法准确地从服务活动本身获得服务利益的较为精确的信息，这时，这些服务的外在环境线索起到了与服务互动过程中的人员服务表现同样的服务利益评价依据的作用。除这些服务企业提供的有形线索外，在服务场所的其他顾客也成为顾客评估服务利益及其质量和价值的重要线索。其他顾客的言谈举止、外表着装、身份角色及所处的社会地位等都成为顾客判断服务档次的重要依据。另外，无形的服务氛围、服务文化也会潜在地影响顾客对服务的评估。

由于信任式服务的服务质量和价值判断并不存在比较准确的依据，这时，如果服务有附属的有形产品，即使这些有形产品只是信任式服务企业所提供的赠品，这些有形产品对于顾客判断服务质量也会起到一定的作用。前面对搜寻式服务结果的阐述中所提到的 Kotler（1999）的服务的五种供应类型观中的第五种，即纯粹的服务，其中很多就是属于信任式服务。但即使是纯粹的服务，也会伴随着某些次要的服务，比如开单据等。可见，服务在很多时候是与有形产品相联系的，完全与有形产品无关的纯粹的服务只是少数。这些服务的有形附属产品是服务的有形环境的构成部分，往往也是顾客评估服务的重要依据。因此，本研究提出如下假设：

H4：信任式服务中，服务环境与顾客的服务质量感知正相关。

H5：信任式服务中，服务环境与顾客的服务价值感知正相关。

H6：信任式服务中，服务环境与顾客对服务企业的信任正相关。

（三）服务结果与顾客的服务评价

与搜寻式服务的服务结果往往以有形的服务附属产品来表现，体验式服务的结果以顾客自身的经历和体验为主要表现形式不同；信任式服务的结果既无与服务核心利益相关联的有形产品作支持，也主要不是以顾客的经历和体验作为服务结果的主要形式，而更多的是以顾客对服务企业及其服务人员的信任来评估服务利益及其质量和价值。这种建立在对服务提供者的信任基础之上的服务结果具有较明显的难以准确评判的特点，其评估具有较大的主观性。这种情形之下，顾客往往只能依赖于服务人员对所提供的服务利益、服务质量和价值的介绍和说明进行服务的评估。在信任式服务中，顾客对服务企业或者服务人员所做的服务结果状况的介绍的信任并不是凭空形成的，而由许多因素共同起作用。消费者为找到比较符合其需求的服务往往会努力搜集与服务相关的各种信息。在各种信息中，口碑是消费者比较容易接受的信息传递形式。在信任式服务中，消费者为降低自身的消费风险，往往会比较多地依赖于自己所依赖的群体所发出的各种口碑信息，使口碑成为消费者评价服务的一个重要渠道。因此，本研究把口碑和关系作为信任式服务结果的表现形式，并提出如下假设：

H7：信任式服务中，服务口碑与顾客的服务质量感知正相关。

H8：信任式服务中，服务口碑与顾客的服务价值感知正相关。

H9：信任式服务中，服务口碑与顾客满意正相关。

H10：信任式服务中，服务口碑与顾客对服务企业的信任正相关。

根据目前服务忠诚理论文献对服务忠诚前置因素的探索，服务忠诚的综合观得到了学者们比较普遍的接受。在众多的服务忠诚文献中，服务质量、感知价值和顾客满意被认为是服务忠诚的最为重要的三个前置因素（陆娟，2005），顾客信任也被认为是服务忠诚的重要前置因素之一（Jambulingam，Kathuria 和 Nevin，2011）。根据信任性服务的含义，在信任性服务中，顾客对服务企业的信任是其评价服务质量和价值的重要依据。在服务忠诚理论中，虽然服务质量、感知价值和顾客满意之间的关系存在一些争议，但许多学者都认同服务质量和感知价值正向影响顾客满意，而满意对服务忠诚具有重要影响的观点。因此，本研究假设：

H11：顾客信任与服务质量正相关。

H12：顾客信任与感知价值正相关。

H13：服务质量与感知价值正相关。

H14：感知价值与顾客满意正相关。

H15：顾客满意与服务忠诚直接正相关。

根据前述推理，构建信任式服务的顾客忠诚形成机制模型见图 4.7。

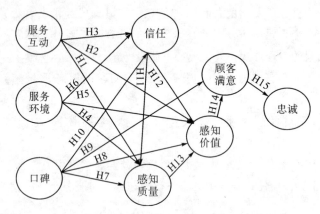

图 4.7　信任式服务的顾客忠诚形成机制研究模型

资料来源：本研究设计。

二、信任式服务的顾客忠诚形成机制理论实证设计

为校验本研究所提出的理论模型，本文将对部分信任性服务业中的律师事务所等企业的顾客进行问卷调查，对所获得的数据进行统计分析。

（一）量表设计

本研究在设计信任式服务的量表时，采取与搜寻式和体验式服务相同的策略，即尽量利用前人已有研究成果中的相关量表中对相同或相似问题进行调研时所用到了的各问项，以提高本研究量表的信度与效度；对于其中一些前人没有使用过的问项，本研究采取焦点小组访谈等深度访谈方法，获得专家意见，确定问项内容，然后设计问项。

本研究将以医疗服务的消费者为调研对象。因此，本研究的量表设计将侧重了解在此条件下的服务忠诚及其前置因素。本研究的所有量表都采用 LIKERT 七级量表。其中，数字"1"为很不同意，"4"为中立，"7"为很同意。

1. 服务互动量表

与搜寻式和体验式服务类似，信任式服务的服务互动中，服务人员与顾客之间的互动也主要以服务营销组合中的服务人员和服务过程这两个因素来表现。因此，这部分的问卷的设计也主要集中于对服务人员与顾客的互动的问卷设计，设置如下信任式服务中所调研服务组织的服务互动问项（Interaction, INA）：

INA1：服务是到位的。

INA2：服务是及时的。

INA3：服务是准确的。

INA4：服务人员的态度好。

INA5：服务用语得当。

2. 服务环境量表

由于服务环境对于任何服务而言都是十分重要的，且具有相似的服务质量和价值的提示功能，因此，信任式服务的环境量表也采用与搜寻式和体验式服务相似的服务量表：

PY1：该服务单位的装潢看起来顺眼。

PY2：该服务单位的服务氛围好。

PY3：该服务单位的服务环境整洁。

PY4：该服务单位的环境布置得具有人性化。

PY5：该服务单位的标识明确。

3. 服务结果量表

信任式服务中，口碑是消费者传递服务评估信息的重要途径，也被认为是有过相同或类似服务经历的人的服务评价。因此，口碑成为服务的一种结果性的表现，影响着后继的顾客对服务的消费行为。有些学者的研究发现，口碑传播过程中，推荐者可靠度和公正度，接受者的感知风险都是影响口碑效力的重要因素（白少布，刘洪，2011）。因此，本文采用这三个因素作为问卷的要素进行问项的编写。

WOM1：向我传播该企业信息的人是可靠的。

WOM2：向我传播该企业信息的人是具有公正心的。

WOM3：我所接受的消费建议无大的风险。

4. 服务忠诚及其前置因素量表

根据服务忠诚理论，这部分也把服务质量、感知价值、满意和信任作为服务忠诚的前置因素。这些因素的量表均采用前两种服务中使用过的量表，仅根据信任性服务的特点作少许的修改。

（二）量表的信度和效度检验

前两种类型的服务忠诚研究中所采用的量表具有较高的信度和效度，信任式服务的量表与前两类服务的量表具有很多的相似性，只在其中增加了口碑部分的量表，这些量表又在本书作者的其他研究中得到了比较好的检验（张中科和谢春昌，2012）。因此，这部分不再进行以检验量表的信度和效度为目的的预调研，以节省有限的资源与时间，而直接在正式研究中进行相关的分析。

三、信任性服务忠诚形成机制模型的实证检验

（一）数据收集与样本的基本特征

信任式服务的调查的具体操作程序也与前面的两种服务相同。正式调研共发放问卷 500 份，回收有效问卷 484 份，有效回收率为 97%。

我们从被访人员的年龄、性别、家庭收入和受教育程度四个方面进行统计。见表 4.33。

表 4.33　　　　　　正式调查样本基本情况统计表

年龄	人数	百分比（%）	全家月收入（元）	人数	百分比（%）
20 岁以下	32	6.61	2000 元以下	87	17.98
20~29	201	41.53	2001~4000	106	21.90
30~39	158	32.64	4001~6000	206	42.56
40~49	43	8.88	6001~8000	65	13
50~59	42	8.68	8001~10000	9	1.86
60 岁以上	4	0.83	10001 以上	2	0.41
缺失值	4	0.83	缺失值	9	1.86
受教育程度	人数	百分比（%）	性别	人数	百分比（%）
小学及以下	5	1.03	男	266	54.96
初中	22	4.55	女	214	44.21
高中或中专	268	55.37	缺失值	4	0.83
大专	122	25.21			
本科	58	11.98			
硕士及以上	2	0.41			
缺失值	7	1.45			

（二）数据的分析

1. 探索性因子分析

本研究通过 Recode 方法对反向问项的数据进行了转换，然后，用 EM 方法处理了问卷的缺失值。效度分析通过 SPSS13.0 软件对数据进行探索性因子分析来实现。分析结果显示，Bartlett's 球形检验显著（p<0.000），KMO=0.930。这说明，数据具有因子分析的条件。然后，采用主成分因子分析方法，通过方差最大化正交旋转，强制提取了 8 个因子，累计解释方差 83.57%；析出的因子分别是服务的服务互动（INA）、环境因素（PY）、口碑（WM）、关系（GX）、质量（SQ）、感知价值

（PV）、满意（CS）、信任（CT）和忠诚（LOY）。因子的载荷都大于 0.7，如表 4.34 所示。通过检验数据的 Cronbach's Alpha 系数所做的数据信度分析结果表明，各因子的 Cronbach's Alpha 系数均介于 0.81~0.94，符合研究要求。

表 4.34　因子载荷、综合信度系数 Pc 和 AVE 表

变量	问项	载荷	AVE	Pc	变量	问项	载荷	AVE	Pc
PY	PY1	0.85	0.85	0.94	LOY	L1	0.72	0.89	0.97
	PY2	0.78				L2	0.71		
	PY3	0.83				L3	0.77		
	PY4	0.77				L4	0.79		
	PY5	0.80				L5	0.80		
SQ	SQ1	0.76	0.91	0.97		L6	0.80		
	SQ2	0.79			CT	CT1	0.78	0.75	0.92
	SQ3	0.81				CT2	0.76		
WM	WM1	0.74	0.81	0.94		CT3	0.80		
	WM2	0.78				CT4	0.77		
	WM3	0.75				CT5	0.75		
INA	INA1	0.92	0.87	0.97		CT6	0.75		
	INA2	0.89			PV	PV1	0.85	0.90	0.97
	INA3	0.85				PV2	0.82		
	INA4	0.93				PV3	0.81		
	INA5	0.95				PV4	0.79		
					CS	CS1	0.77	0.95	0.98
						CS2	0.74		
						CS3	0.80		

2. 验证性因子分析

本研究采用收敛效度和判别效度做验证性因子分析。从表4.34 中可以看到，各变量的 AVE 值都大于或等于 0.712，说明数据具有良好的收敛效度。变量的 AVE 值的平方根值表明，它们都介于 0.84~0.90，大于该变量与其他潜变量的相关系数的绝对值，说明各概念的区别效度也都达到了要求。本研究还对外部模型的信度做了进一步的检验。通过计算各个潜变量的综合信度系数（Pc 值）发现，各变量的综合信度系数都大于 0.7，说明本研究所用的量表的内部一致性信度较高，通过了信度检验（结果如表4.35 所示）。

表4.35　　　　　AVE 值与相关系数比较表

变量	L	CT	CS	PV	SQ	WM	TL
L	0.94						
CT	0.74	0.86					
CS	0.72	0.73	0.98				
PV	0.69	0.63	0.74	0.95			
SQ	0.56	0.67	0.60	0.57	0.96		
WM	0.60	0.75	0.66	0.55	0.63	0.90	
PY	0.57	0.74	0.57	0.50	0.51	0.62	0.92

注：对角线上的数字是 AVE 值的平方根的绝对值。

3. 模型和假设检验

本研究通过对设定模型的拟合优度和各潜变量之间的路径系数所做的检验表明，卡方值为 1032.93（P<0.000），df=531，RMSEA=0.078，NFI=0.98，CFI=0.99。这些指标都达到了可接受标准的要求，模型的各项指标都在可接受的范围内，模型拟合得较好；也就是说，设定模型的结构是合理的，模型在整体上成立。

经过模型修正，得到了最后的模型（见图4.8）。最后模型的卡方值为1002.56（P<0.000），df=523，RMSEA=0.071，NFI=0.98，CFI=0.98。在所提出的假设中，H2（INA-PV）未能通过检验，其余14个假设得到了验证，同时，增加了信任与满意之间的关系路径。各变量之间的路径系数及T值等见表4.36。

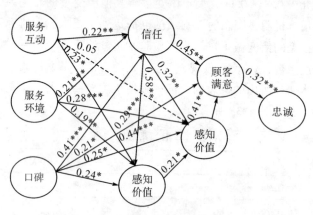

Chi-Square=1002.56, df=523, P-value=0.00000, RMSEA=0.071

图4.8 最后模型

表4.36 最终模型的标准化路径系数和T值检验情况表

关系	假设	路径系数	T值	结果	关系	假设	路径系数	T值	结果
INA-SQ	H1	0.23	2.25	√	WM-PV	H8	0.25	2.39	√
INA-PV	H2	0.05	0.30	×	WM-CS	H9	0.21	1.98	√
INA-CT	H3	0.22	2.65	√	WM-CT	H10	0.41	5.07	√
PY-SQ	H4	0.19	2.65	√	CT-SQ	H11	0.58	3.26	√
PY-PV	H5	0.28	4.44	√	CT-PV	H12	0.32	3.27	√
PY-CT	H6	0.21	3.29	√	SQ-PV	H13	0.21	2.23	√
WM-SQ	H7	0.24	1.97	√	PV-CS	H14	0.41	4.39	√
CT-CS	新增	0.45	2.69	√	CS-LOY	H15	0.32	3.58	√

注：√表示通过检验，×表示未通过。

4. 结果讨论

实证研究结果表明，H2（INA-PV）未能通过模型检验。H2（INA-PV），即服务互动与顾客感知价值之间在信任式服务中并不存在直接的正相关关系。这可能的原因是，在信任性服务中，服务的价值难以通过服务员工与顾客之间的互动体现出来，顾客也不易于通过与服务员工的互动来判断服务的价值。所以，服务互动在顾客的服务价值评判中的作用不够强大。

其余假设得到证实说明，信任性服务中的顾客信任并非凭空形成的，而是建立在一些客观环境因素，包括口碑、服务环境条件、服务互动等的基础之上的。H11（TR-RS）、H12（TR-PV）和新增的 CT-CS 路径，即信任与服务质量、感知价值和顾客满意之间的正相关说明，在信任性服务中的信任确实是服务质量、感知价值和服务忠诚的重要前置因素。顾客对服务质量、感知价值的评判受到其对企业信任的影响。同时，由于信任的存在，顾客更倾向于重购。这与搜寻式和体验式服务都很不相同。这说明，不同服务类型的服务忠诚形成机制确实是存在比较大的差异的。

第五章　研究结论

第一节　研究结论与贡献

本研究结果表明，搜寻式和体验式服务的顾客忠诚形成机制总体上与传统的服务忠诚理论相吻合，即外部的影响因素是通过影响顾客的服务质量感知、价值感知、满意和信任，最后对服务忠诚形成影响的，这种基本的逻辑关系在搜寻式和体验式服务中得到比较好的体现。这也在一定程度上说明，目前的以有形线索或顾客的感知体验作为顾客评价服务的依据的观点在搜寻式和体验式这两种主要依据于有形线索和顾客的体验作服务评判依据的服务中确实是有其合理性的。

然而，在搜寻式和体验式中的顾客忠诚形成机制并不适用于信任式服务。在所调查的信任性服务业中，信任对服务忠诚的形成起着关键性的作用。它承担着口碑、服务环境和服务互动等与服务质量、感知价值、满意和服务忠诚之间的重要中介作用。特别值得注意的是，以往的服务忠诚理论，特别是服务忠诚的综合观认为服务质量、感知价值、满意和信任与服务忠诚之间存在着"影响链"，这些因素几乎是逐个地由前一因素对后一因素发生着影响，而信任是前面数个因素与服务忠诚之间的中介变量。但本研究发现，在信任性服务中，服务忠诚的这几个被人们比较普遍地接受的前置影响因素中，信任的位置应靠前而非靠后，信任通过服务质量、感知价值和顾客满意这些中介因素达成对服务忠诚的影响。

本研究的结论启示人们，服务的性质不同，其顾客忠诚形成机制也会存在很大的差异。任何一种类型的服务的顾客忠诚机制观都难以单独地解释复杂多样的服务的忠诚形成机制，因此，对于服务忠诚的研究应重视服务类型的划分。根据不同类型服务的特点展开研究。

特别应引起注意的是，信任式服务的顾客忠诚形成机制与搜寻式、体验式服务的顾客忠诚形成机制存在明显的差异。这也就在一定程度上解释了服务忠诚文献中许多研究结果存在差异的重要原因。信任性服务忠诚形成机制的独特性提醒人们，对于信任性服务的研究，应重视其中的信任这一核心因素的作用。从服务营销实践的角度来看，在信任式服务的实务工作中应重视口碑、服务环境和服务互动等的建设与培养。通过它们，培养顾客对企业的信任，实现服务忠诚。

第二节　本研究的局限性和未来的研究方向

搜寻式、经验式与信任式三大类服务的顾客评价服务质量和价值的依据存在较大的差异，因此，它们的顾客忠诚形成机制也应该存在比较大的差异。目前的服务忠诚形成机制研究大多侧重于关注服务的有形线索或顾客的感知体验在顾客评判服务质量和感知价值时的作用，比较适用于搜寻式和经验式服务，而不太适合于信任式服务。因此，有必要对三类服务的忠诚形成机制进行比较分析，从而较为清晰地发现不同服务类型忠诚的形成机制特点。

为容纳各种服务类型中的不同服务的特点，本研究侧重从服务过程的角度，对搜寻式、体验式和信任式服务的顾客忠诚形成机制进行了探索。由于受研究者的能力和所能获得的资源的局限，每种服务类型基本上都只调研了一种服务行业，而没有对同种类型中的所有服务行业进行调查；因此，虽然研究结论揭示了三类型服务的忠诚形成机制上的差异，但是结论是否完全适用于所有的服务行业还有待做更多的调查检验工作。本研究的不足也正是以后的研究中应加以探索的方面。

随着现代科技的发展，服务技术正在发生着巨大的变化。这种变化也在改变着人们的生活方式，改变着服务提供和消费模式，改变着人们对待服务的态度与行为，包括服务忠诚。因此，未来的服务忠诚研究不但应分析传统服务类型所带来的服务忠诚形成机制的差异和特点，还应适应时代发展的要求，探索新的科技条件下的各种现代新型服务模式的变化对服务忠诚的影响。

参考文献

［1］ Aaker, D. A. Managing Brand Equity: Capitalising on the Value of a Brand Name. New York: The Free Press, 1992.

［2］ Adams, J. S. Inequity in Social Exchange. In: L. Berkowitz, eds. Advances in Experimental Social Psychology: Vol. 2. New York: Academic Press, 1965.

［3］ Agustin C., Jagdip S.. Curvilinear Effects of Consumer Loyalty: Determinants in Relational Exchanges, Journal of Marketing Research, 42 (February) 2005: 96 - 108.

［4］ Agustin, C., Jagdip Singh. Curvilinear Effects of Consumer A loyalty Determinants in Relational Exchanges. Journal of Marketing Research, 2005, XLII.

［5］ Akshay R. Rao. The Quality of Price as a Quality Cue. Journal of Marketing Research, 2005, XLII.

［6］ Alvarez, B. A., Rodolfo Vazquez Casielles. Consumer Evaluations of Sales Promotion: The Effect on Brand Choice. European Journal of Marketing, 2005, 39 (1/2).

［7］ Anderson, Mary Sulivan. The Antecedents and Consequence of Customer Satisfaction for Firms. Marketing Science, 1993, Spring, 12.

［8］ Anderson, E. W., Claes Fornell, Donald R. Lehmann.

Customer Satisfaction, Market Share, and Profitability: Findings From Sweden. Journal of Marketing, 1994, 58.

[9] Andreassen, Tor Wallin, Bodil Lindestad. Customer Loyalty and Complex Services – The Impact of Corporate Image on Quality, Customer Satisfaction and Loyalty for Customers With Varying Degrees of Service Expertise. International Journal of Service Industry Management, 1998, 9 (1).

[10] Antony, J., F. J. Antony, S. Ghosh.. Evaluating Service Quality in a UK Hotel Chain: A Case Study. International Journal of Contemporary Hospitality Management, 16 (6), 2004: 380-384.

[11] Arnold Schuh. Global Standardization as a Success Formula for Marketing in Central Eastern Europe?. Journal of World Business, 2000, 35 (2).

[12] Arora, R. and Stoner, C. The Effect of Perceived Service Quality and Name Familiarity on the Service Selection Decision. Journal of Services Marketing, 1996, 10 (1).

[13] Auty, S. Consumer Choice and Segmentation in the Restaurant Industry. Service Industries Journal, 1992, 12 (3).

[14] Baker, J., D. Grewal, A. Parasuraman. The Influce of Store Environment on Quality Inferences and Store Image. Journal of theAcademy of Marketing Science, 1994, 22 (4).

[15] Baker, J., Parasuraman, A., Dhruv Grewal. The Influence of Multiple Store Environment Cues on Perceived Merchandise Value and Patronage Intentions. Journal of Marketing, 2002, 66.

[16] Baldauf, A., Cravens, K. S., Binder, G. Performance-Consequences of Brand Equity Management: Evidence from Organizations in the Value Chain. Journal of Product & Brand Management, 2003, 12 (4).

[17] Baldinger, A. L., Rubinson, J. Brand Loyalty: The Link Between Attitude and Behavior. Journal of Advertising Research, 1996, 36 (6).

[18] Ball, D., Pedro Simoes Coelho and Alexandra Machas. The Role of Communication and Trust in Explaining Customer Loyalty --An Extension to the ECSI Model. European Journal of Marketing, 2004, 38 (9/10).

[19] Balmer, J. M. T., Wilkinson, A. Building Societies: Change, Strategy and Corporate Identity. Journal of General Management, 1991, 17 (2).

[20] Balmer, J. M. T. Corporate Branding and Connoisseurship. Journal of General Management, 1995, 21 (1).

[21] Bearden, W. O. Determinant Attributes of Store Patronage: Downtown Versus Outlaying Shoping Areas. Journal of Retailing, 1977, 53 (2).

[22] Bebko. Service Intangibility and Its Impact on Consumer Expectations of Service Quality. Journal of Services Marketing, 2000, 14 (1).

[23] Bello, R. Market Orientation and Standardization Of Marketing Activities: A Study Of Mexican Organizations. Bachelor of Management, Universidad Panamericana, 1995.

[24] Berry, L. L. Relationship Marketing. In: Berry, L. L., Shostack, G. L., and Upah, G. D. eds. Emerging Perspective on Service Marketing. Chicago: American Marketing Association, 1983.

[25] Bitner, M. J. Evaluating Device Encounters: The Effects of Physical Surroundingsand Employee Responses. Journal of Marketing, 1990, 54 (2).

[26] Bitner, M. J. Servicescapes: The Impact of Physical Sur-

roundings on Customers and Employees. Journal of Marketing, 1992, 56.

[27] Bloemer, J. M. M., Kasper, J. D. P. The Complex Relationship Between Consumer Satisfaction and Brand Loyalty. Journal of Economic Psychology, 1995, 16.

[28] Bolton, Ruth N., James H. Drew. A Longitudinal Analysis of the Impact of Service Changes on Customer Attitudes. Journal of Marketing, 1991, January, 55.

[29] Booms, Bernard H., Mary J. Bitner. Marketing Strategics and Organization Structures for Service Firms. In: James H. Donnelly and William R. George, eds. Marketing of Services. Chicago: American Marketing Association, 1981.

[30] Botschen, G., Hemetsberger, A. Diagnosing Means-End Structures to Determine the Degree of Potential Marketing Program Standardization. Journal of Business Research, 1998, 42.

[31] Boulding, W., Kalra, A., Staelin, R., Zeithaml, V. A. A Dynamic Process Model of Service Quality: From Expectations to Behavioral Intentions. Journal of Marketing Research, 1993, 30 (1).

[32] Bove, L. L., Johnson, L. W. Customer Relationship with Personnel: Do we Measure Closeness, Quality or Strength?. Journal of Business Research, 2002, 54 (3).

[33] Bowen, D. E., Lawler, E. E. Empowering Service Employees. Sloan Management Review, 1995, Summer.

[34] Brady, M. K., Robertson, C. J. An Exploratory Study of Service Value in theUSA and Ecuador. International Journal of Service Industry Management, 1999, 10 (5).

[35] Brady, M. K., Robertson, C. J. Searching for a Consensus on the Antecedent Role of Service Quality and Satisfaction: An

Exploratory Cross National Study. Journal of Business Research, 2001, 51 (1).

[36] Brenkert, George G. Trust, Business and Business Ethics: An Introduction. Business Ethics Quarterly, 1998, 8 (2).

[37] Brockner, J., Wiesenfeld, B. M. An Integrative Framework for Explaining Reactions to Decisions: Interactive Effects of Outcomes and Procedures. Psychological Bulletin, 1996, 120.

[38] Brush, T. H., Artz, K. W.. Toward a contingent resource –based theory: the impact of information asymmetry on the value of capabilities in veterinary medicine, Strategic Management Journal, 1999, 20 (3): 223 - 250.

[39] Butcher, K., Sparks, B., O' callaghan, F. Evaluative and Relational Influences on Service Loyalty. International Journal of Service Industry Management, 2001, 12 (4).

[40] Cacioppo, J. T., Petty, R. E. Effects of Message Repetition and Position on Cognitive Response, Recall, and Persuasion. Journal of Persnality and Social Psychology, 1979, 37.

[41] Carlson, L., Stephen J. Grove, Michael J. Dorsch. Services Advertising and Integrated Marketing Communications: An Empirical Examination. Journal of Current Issues and Research in Advertising, 2003, 25 (2).

[42] Cavusgil, Shaoming Zou, G. M. Naidu. Product and Promotional Adaptation in Export Ventures: An Empirical Investigation. Journal of International Business Studies, 1993, 24 (3).

[43] Chang, Tun–Zong, Albert R. Wildt. Price, Product Information, and Purchase Intention: An Empirical Study. Journal of theAcademy of Marketing Science, 1994, 22.

[44] Chaudhuri, A., Morris B. Holbrook. The Chain of Effects

from Brand Trust and Brand Affect to Brand Performance: The Role of Brand Loyalty. Journal of Marketing, 2001, 65.

［45］Chidomere, Rowland C., Anyansi – Archibong, Chi. Expansion Strategies for Global Competition. S. A. M. Advanced Management Journal, 1989, 54 (3).

［46］Chikin B. Y., David K. T., Kimm W. C.. Strengthening Customer Loyalty Through Intimacy and Passion: Roles of Customer – Firm Affection and Customer – Staff Relationships in Services, Journal of Marketing Research Vol. XLV (December) 2008: 741 – 756.

［47］Chin W. W. The Partial Least Squares Approach to Structural Equation Modeling. In: Marcoulides G. A., eds. Modern Methods for Business Research. NJ: Lawrence Erlbaum Associates, Mahwah, 1988.

［48］Ching – Sheng Chang, Su – Yueh Chen, Yi – Ting Lan. Service Quality, Trust, and Patient Satisfaction in Interpersonal – based Medical Service Encounters. BMC Health Services Research, 2013, 13: 22: 1-11.

［49］Chow, S., Holden, R. Toward Understanding of Loyalty: Moderating Role of Trust. Journal of Managerial Issue, 1997, 9 (3).

［50］Christopher H. Lovelock George S. Yip. Developing Global Strategies for Service Businesses. California Management Review, 1996, 38.

［51］Christopher H. Lovelock, George S. Yip. Developing global strategies forservice businesses. California Management Review, 1996, 38 (2): 64-86.

［52］Christopher H. Lovelock. Developing Marketing Strategies for Transnational Service Operations. Journal of Services Marketing,

1999, 13 (4/5).

[53] Clark, M. A., Wood, R. C. Consumer Loyalty in the Restaurant Industry -preliminary Exploration of the Issues. International Journal of Contemporary Hospitality Management, 1998, 10 (4).

[54] Clow, K. E., David L. Kurtz, John Ozment, Beng Soo Ong. The Antecedents of Consumer Expectations of Services: An Empirical Study across Four Industries. The Journal of Service Marketing, 1997, 11 (4).

[55] Clow, K. E., Kurtz, D. L., Ozment, J. How Consumers form Expectations of Service Quality Prior to a First Time Purchase. In Darden, W., Lusch, R. and Mason, B. eds. Symposium on Patronage Behavior and Retail Strategy: Cutting Edge II, American Marketing Association and Louisiana State University, Baton Rouge, LA: 1991.

[56] Coelho P. S., Hensele J. r. Creating Customer Loyalty through Service Customization. European Journal of Marketing. 2012, Vol. 46 Issue 3/4: 331-356.

[57] Cowles, D. L. The Role of Trust in Customer Relationships: Asking the Right Questions. Management Decision, 1997, 3 (3/4).

[58] Coyne, K. P. Beyond Service Fads-Meaningful Strategies for the Real World. Sloan Management Review, 1989, 30 (4).

[59] Cronin, J., Brady, M., Brand R., Hightower, R. and Shemwell, D. A Cross-sectional Test of the Effect and Conceptualization of Service Value. Journal of Services Marketing, 1997, 11 (6).

[60] Cronin, J. J., Taylor, S. A. Measuring Service Quality: A Re-examination and Extension. Journal of Marketing, 1992, July, 56.

[61] Cronin, J. J., Brady, M. K., Hult, G. T. M. Assesing the Effects of Quality, Value, and Customer Satisfaction on Consumer Behavioral Intentions in Service Environment. Journal of Retailing, 2000, 76 (2).

[62] Cropanzano, R., Folger, R. Referent Cognitions and Task Decision Autonomy: Beyond Equity Theory. Journal of Applied Psychology, 1989, 74.

[63] Crosby, L. A., Taylor, J. R.. Psychological Commitment and Its Effects of Postdecision Evaluation and Reference Stability Among Voters. Journal of Consumer Research, 1983, 9.

[64] Crosby, L. A., Evans, K. R., Cowles, D. Relationship Quality in Services Selling: An Interpersonal Influence Perspective. Journal of Marketing, 1990, 54 (3).

[65] Czepiel, Solomon, C. Surprcnani, eds. The Service Encounter. Lexington: Lexington Books, 1985.

[66] Czepiel, J. A. Service Encounters and Service Relationships: Implications for Research, Journal of Business Research, 1990, 20.

[67] Dabholkar, P. A., Shepherd, C. D., Thorpe, D. I. Aconceptual Framework for Service Quality: An Investingation of Critical Conceptuall and Measurement Issues through a Longitudeinal Study. Journal of Retailing, 2000, 76 (2).

[68] Day, E. Conveying Service Quality Through Advertising. The Journal of Services Marketing, 1992, 6 (4).

[69] De Chernatony, L., Susan Segal-Horn. The Criteria for Successful Services Brands. European Journal of Marketing, 2003, 37 (7/8).

[70] Deutsch, M. Distributive Justice: A Social Psychological

Perspective. New Haven, CT: Yale University Press, 1985.

[71] Dick, A. S., Basu, K. Customer Loyalty: Toward an Integrated Conceptual Framework. Journal of theAcademy of Marketing Science, 1994, 22.

[72] Dodds, Monroe. The Effect of Brand and Price Information on Subjective Product Evaluations. Advances in Consumer Research, 1985, 12 (1).

[73] Dodds, William B., Kent B. Monroe, Dhruv. Grewal. Effects of Price, Brand, and Store Information on Buyers' Product Evaluation. Journal of Marketing Research, 1991, 28.

[74] Doney, P., Cannon, J. An Examination of the Nature of Trust in Buyer-Seller Relationships. Journal of Marketing, 1997, 61 (2).

[75] Donovan, R. J., Rossiter, J. R. Store Atmosphere: An Environmental Psychology Approach. Journal of Retailing, 1982, 58.

[76] Douglas, Yoram Wind. The Myth of Globalization. Columbia Journal of World Business, 1987, Winter, 22.

[77] Douglas, Susan P., Craig, Samuel C. Global Marketing Myopia. Journal of Marketing Management, 1986, 2.

[78] Doyle, P., Fenwick, I. Shopping Habits in Grocery Chains. Journal of Retailing, 1974, 50.

[79] Doyle, P. Building Successful Brands: The Strategic Options. Journal of Marketing Management, 1989, 5 (1).

[80] Duncan, Thomas R., Clarke Caywood. The Concept, Process, and Evolution of Integrated Marketing Communications. In: Esther. Thorson and Jeri. Moore, eds. Integrated Communications: Synergy of Persuasive Voices. Hillsdale, NJ: Erlbaum, 1993.

[81] Dunn, S. Watson. Effect of National Identity on Multina-

tional Promotional Strategy inEurope. Journal of Marketing, 1976, October, 40.

[82] Elangovan, Debra L, Shapiro. Betrayal of Trust in Organizations. Academy of Management Review, 1998, 23 (3).

[83] Elinder, E. How International Can Advertising Be?. The International Advertiser, 1961, December, 2.

[84] Erdem, T., Joffre Swait, Ana Valenzuela. Brands as Signals: A Cross-Country Validation Study. Journal of Marketing, 2006, January, 70.

[85] Eric Sundstrom, Irwin Altman. Physical Environments and Work - Group Effectiveness. Research in Organizational Behavior, 1989, 11.

[86] Erto, P., A. Vanacore. A Probabilistic Approach to Measure Hotel Service Quality. Total Quality Management, 2002, 13 (2).

[87] Evans, L. The Communications Gap. London: Charles Knight & Co., 1973.

[88] Fillis. Image, Reputation and Identity Issues in the Arts and Crafts Organization. Corporate Reputation Review, 2003, 6 (3).

[89] Fitzsimmons, James A., Mona J. Fitzsimmons. Service Management for Competitive Advantage. New York: McGraw - Hill, 1994.

[90] Folger, R. Fairness as a Moral Virtue. In: M. Schminke, eds. Managerial Ethics: Moral Management of People and Processes. Mahwah, NJ: Erlbaum, 1998.

[91] Folger, R., Cropanzano, R. Organizational Justice and Human Resource Management. Thousand Oaks, CA: Sage, 1998.

[92] Fornell, Johnson, Anderson. The American Customer Satisfaction Index: Nature, Purpose, and Findings. Journal of Market-

ing, 1996, 63 (4).

[93] Friedmann, R. Psychological Meaning of Products: A Simplification of the Standardization vs. Adaptation Debate. Columbia Journal of World Business, 1986, Summer.

[94] Fullerton, G. The Impact of Brand Commitment on Loyalty to Retail Service Brands, Canadian Journal of Administrative Sciences Revue Canadienne des Sciences de I' Administration, 2005, 22 (2).

[95] Gale, B. T., Branch B. S. Concentration Versus Market Share: Which Determines Performance and Why Does It Matter?. Antitrust Bulletin, 1982, 27.

[96] Ganesan, S. Determinants of Long – Term Orientation in Buyer–Seller Relationships. Journal of Marketing, 1994, 58 (2).

[97] Gar H. Crilley G., McGrath R.. A Focused Service Quality, Benefits, Overall Satisfaction and Loyalty Model for Public Aquatic Centres. Managing Leisure, (July – October) 2008, 13: 139 – 161.

[98] Garbarino, E., Johnson, M. S. The Different Roles of Satisfaction, Trust, and Commitment in Customer Relationships. Journal of Marketing, 1999, 63 (2).

[99] Gardner, David M. Is There a Generalized Price–Quality Relationship?. Journal of Marketing Research, 1971, 8.

[100] George, William R., Leonard L. Berry. Guidelines for the Advertising of Services. Business Horizons, 1981, July/august, 24.

[101] Ghosh, A. Retail Management, 2nd ed. Chicago, IL: The Dryden Press, 1990.

[102] Gioia, D. A., Schultz, M., Corley, K. G. Organizational Identity, Image, and Adaptive Instability. TheAcademy of Man-

agement Review, 2000, 25（1）.

［103］Gomez, MiguelI., Edward W. McLaughlin, and Dick R. Wittink. Customer Satisfaction and Retail Sales Performance: An Empirical Investigation. Journal of Retailing, 2004, 80（4）.

［104］Gorb, P. The Psychology of Corporate Identity. European Management Journal, 1992, 10（3）.

［105］Gray, E. R., Smeltzer, L. R. Corporate Image, an Integral Part of Strategy. Sloan Manage-

［106］Green, C. L. Communicating Service Quality: Are Businesss-to-business Ads Different?. The Journal of Services Marketing, 1998, 12（3）.

［107］Greenberg, J. Stealing in the Name of Justice: Informational and Interpersonal Moderators of Theft Reactions to Underpayment Inequity. Organizational Behavior and Human Performance, 1993, 54.

［108］Gremler, D. D., Brown, S. W. Service Loyalty, Its Nature, Importance and Implications. In: Edvardsson, B., Brown, S. W., Johnston, R. and Scheuing, E., eds. QUISV: Advancing Service Quality: A Global Perspective, New York, ISQA, 1996.

［109］Grewal, D., R. Krishnan, J. Baker, N. Borin. The Effect of Store Name, Brand Name and Price Discounts on Consumers: Evaluations and Purchase Intentions. Journal of Retailing, 1998, 74（3）.

［110］Gronholdt, L., Martensen, A., Kristensen, K. The Relationship Between Customer Satisfaction and Loyalty: Cross-Industry Differences. Total Quality Management, 2000, 11（4/5）.

［111］Gronroos, C. Service Management and Marketing: Managing the Moments of Truth in Service Competition. Lexington: Lexington Books, 1990.

[112] Gronroos, Chistian. A Service Quality Model and Its Marketing Implications. European Journal of Marketing, 1984, 18 (4).

[113] Gronroos. Strategic Management and Marketing in the Service Sector. Swedish School of Economics and Business Administration, Helsingfors, 1982.

[114] Gruen T., Summers, J., Acito, F. Relationship Marketing Activities, Commitment and Membership Behaviors in Professional Associations. Journal of Marketing, 2000, 64 (3).

[115] Guadagni, P. M., Little, J. D. A Logit Model of Brand Choice Calibrated on Scanner Data. Marketing Science, 1983, 2 (3).

[116] Guest, L. A Study of Brand Loyalty. Journal of Applied Psychology, 1994, 28.

[117] Gwinner, Kevin P., Dwayne D. Gremler, Mary Jo Bitner. Relational Benefits in Service Industries: The Customer's Perspective. Journal of the Academy of Marketing Science, 1998, 26 (2).

[118] Hae-Kyong Bang, Young Sook Moon. A Comparison of Services Advertising Strategies Used in US and Korean Magazine Ads: a Content Analysis. Journal of Services Marketing, 2002, 16 (5).

[119] Hallowell, R. The Relationships of Customer Satisfaction, Customer Loyalty, and Profitability: An Empirical Study. International Journal of Service Industry Management, 1996, 7 (4).

[120] Hatch, M. J., Schultz, M. Bringing the Corporation into Corporate Branding. European Journal of Marketing, 2003, 37 (7/8).

[121] Hennig-Thurau, T., Klee, A. The Impact of Customer Satisfaction and Relationship Quality on Customer Retention: A Criti-

cal Reassessment and Model Development. Psychology & Marketing, 1997, 14 (8).

[122] Heskett, J., Sasser, E., Schlesinger, L. The Service Profit Chain: How Leading Companies Link Profit and Growth to Loyalty, Satisfaction and Value?. The Free Press, 1997.

[123] Heskett, J. L., Jones, T. O., Loveman, G. W., sasser, W. E. Jr., andSchlesinger, L. A. Putting the Service - Profit Chain to Work. Harvard Business Review, 1994, 72 (2).

[124] Hill, J. S., Still, R. R. Effects of Urbanization on Multinational Product Planning: Markets in Lesser-developed Countries. Columbia Journal of World Business, 1984, 19 (2).

[125] Holbrook, B. Morris, Hirschman, C. Elizabeth. The Experiential Aspects of Consumption, Consumption Fantasies, Feelings and Fun. Journal of Consumer Research, 1982, 9 (9).

[126] Holbrook, Morris B, Kim P. Cofman. Quality and Value in the Consumption Experience: Phaedrus Rides Again. In: Perceived Quality, J. Jacoby and J. Olson, eds. Lexington, MA: Lexington Books, 1985.

[127] Hu L, Bentler P. M. Fit Indices in Covariance Structure Modeling: Sensitivity to Underparameterized Model Misspecification. Psychological Methods, 1998, 3.

[128] Hui, M. K., Xiande Zhao, Xiucheng Fan, Kevin Au. When Does the Service Process Matter? A Test of Two Competing Theories. Journal of Consumer Research, 2004, 31.

[129] Huszagh, Sandran M., Fox, Richard J., Day, Ellen. Global Marketing: An Empirical Investigation. Columbia Journal of World Business, 1985, 20 (4).

[130] Ineson, E. M., Martin, A. J. Factors Influencing the

Tipping Propensity of Restaurant Customers. Journal Retailing and Consumer Services, 1999, 6 (1).

[131] Jacoby, J. A Model of Multi-Brand Loyalty. Journal of Advertising Research, 1971, 11.

[132] Jacoby, J., Jerry C. Olson eds. Perceived Quality. Lexington, MA: Lexington Books, 1985.

[133] Jacoby, J., Jerry C. Olson. Consumer Response to Price: An Attitudinal, Information Processing Perspective. In: Y. Wind and P. Greenberg, eds. Moving Ahead with Attitude Research. Chicago: American Marketing Association, 1977.

[134] Jacoby, J., Chestnut, R. W. Brand Loyalty: Measurement and Management, New York: John Wiley and Sons, 1978.

[135] Jacoby, J., Kyner, D. B. Brand Loyalty vs. Purchasing Behavior. Journal of Marketing Research, 1973, 10 (1-9).

[136] Jain, Subhash C. Standardization of International Marketing Strategy: Some Research Hypotheses. Journal of Marketing, 1989, January, 53.

[137] Jambulingam T., Kathuria R., Nevin J. R.. Fairness - Trust - Loyalty Relationship Under Varying Conditions of Supplier - Buyer Interdependence. Journal of Marketing Theory and Practice, 2011, 19 (1): 39 - 56.

[138] James, Don L., Durand, Richard M., Dreves, Robert A. The Use of a Multi-Attribute Attitude Model in a Store Image Study. Journal of Retailing, 1976, 52 (2).

[139] Johar, J. S., Sirgy, M. J. Value-expressive Versus Utilitarian Advertising Appeals: When and Why to Use Which Appeal. Journal of Advertising, 1991, 20 (3).

[140] Johnson, Jean L., Wiboon Aruthanes. Ideal and Actual

Product Adaptation in US Exporting Firms: Market Related Determinants and Impact on Performance. International Marketing Review, 1995, 12 (3).

[141] Johnson, Michael D., Seigyoung Auh. Customer Satisfaction, Loyalty and the Trust Environment, Advances in Consumer Research, 1998, 25 (1).

[142] Jon Sundbo. The Service Economy: Standardisation or Customisation?. The Service Industries Journal, 2002, 22 (4).

[143] Jones, T. O., Sasser, W. E. Jr. Why Satisfied Customers Defect. Harvard Business Review, 1995, 73 (6).

[144] Jose F., Mike F. Duffy, Duffy, Mike F. Journal of Product & Brand Management, 1998, 7 (3).

[145] Kaltcheva V. D., Barton A. W.. When Should a Retailer Create an Exciting Store Environment?. Journal of Marketing, 2006, 70: 107-118.

[146] Kaltcheva, V. D., Barton A. Weitz. When Should a Retailer Create an Exciting Store Environment?. Journal of Marketing, 2006, 70.

[147] Keaveney, Susan M. Customer Switching Behavior in Service Industries: An Exploratory Study, Journal of Marketing, 1995, April, 59.

[148] Keh H. T., Pang J.. Customer Reactions to Service Separation. Journal of Marketing, Vol. 74 (March), 2010: 55-70.

[149] Keller, K. L. Conceptualising, Measuring, and Managing Customer-based Brand Equity. Journal of Marketing, 1993, 57.

[150] Keller, Kl., Strategic Brand Management. New Jersey: Prentice Hall, 1998.

[151] Kim H., Kim W. G., An J. A. The Effect of Consumer-

based Brand Equity on Firm's Financial Performance. Journal of Consumer Marketing, 2003, 20 (4).

[152] Kim, H. B., Kim, W. G.. The Relationship Between Brand Equity and Firm's Performance in Luxury Hotels and Chain Restaurants. Tourism Management, 2005, 26 (4).

[153] Kivetz, R. Promotion Reactance: The Role of Effort-Reward Congruity. Journal of Consumer Research, 2005, 31.

[154] Konovsky, M. Understanding Procedural Justice and Its Impact on Business Organizations. Journal of Management, 2000, 26.

[155] Kotler, P. Global Standardization-courting Danger. The Journal of Consumer Marketing, 1986, Spring, 3.

[156] Kotler, P. Atmospherics as a Marketing Tool. Journal of Retailing, 1973, 6.

[157] Kuehn, A. A. Consumer Brand Choice as a Learning Process. Journal of Advertising Research, 1962, 4.

[158] Kurtz, D. L., Clow, E. K. A Model for Evaluating Service Quality. The Journal of Marketing Management, 1991, 1.

[159] Lannon, J., Cooper, P. Humanistic Advertising-aholistic Cultural Perspective. International Journal of Advertising, 1983, 2.

[160] Lassar, W., Mittal, B., Sharma, A. Measuring Customer-based Brand Equity. Journal of Consumer Marketing, 1995, 12 (4).

[161] Laurette, D., Cervellona, M. C., Han, J. Should Consumer Attitudes Be Reduced to Their Affective and Cognitive Bases? Validation of a Hierarchical Model. International Journal of Research in Marketing, 2003, 20 (3).

[162] Lee, M., Cunningham, L. F. A Cost/Benefit Approach

to Understanding Service Loyalty. Journal of Services Marketing, 2001, 15 (2/3).

[163] Lessig, V. P. Consumer Store Images and Store Loyalties. Journal of Marketing, 1973, October.

[164] Leung, K., Li, W., Au, Y. The Impact of Customer Service and Product Value on Customer Loyalty and Purchase Behavior. Journal of Applied social Psychology, 1998, 28.

[165] Leventhal, G. S. The Distribution of Rewards and Resources in Groups and Organizations. In: L. Berkowitz & E. Walster eds. Advances in Experimental Social Psychology: Vol. 9. New York: Academic Press, 1976.

[166] Leventhal, G. S. What Should Be Done with Equity Theory? In: K. J. Gergen, M. S. Greenberg, & R. H. Willis, eds. Social Exchange: Advances in Theory and Research, New York: Plenum, 1980.

[167] Levitt, T. Production-Line Approach to Service. Harvard Business Review, 1972, 50 (5).

[168] Levitt, T. The Industrialization of Services. Harvard Business Review, 1976, 54 (5).

[169] Lewis, R. , Booms, B. The Marketing Aspects of Service Quality. In: Berry, L., Shostack, L. and Upah, G. eds. Emerging Perspectives on Services Marketing, Proceeding Series?. American Marketing Association, 1983.

[170] Lewis, R. Restaurant Advertising: Appeals and Consumers' Intentions. Journal of Advertising Research, 1992, 21 (5).

[171] Liisa Valikangas, Uolevi Lehtinen. Strategic Types of Services andinternationall Marketing. International Journal of Service Industry Management, 1994, 5 (2): 72-84.

[172] Lim, K. , Razzaque, A. M. Brand Loyalty and Situational Effects: An Iinteractionist Perspective. Journal of International Consumer Marketing, 1997, 9 (4).

[173] Lind, E. A., Tyler, T. R. The Social Psychology of Procedural justice. New York: Plenum Press, 1988.

[174] Lindquist, J. D. Meaning of Image: a Survey of Empirical and Hypothetical Evidence. Journal of Retailing, 1974, 50 (4).

[175] Lovelock, C. Services Marketing, Fourth Edition. New Jersey: Prentice-Hall, 2001.

[176] Lovelock, C. H. Classifying Services to Gain Strategic Marketing Insights. Journal of Marketing, 1983, 55.

[177] Lovelock, C. H. Managing Services: Marketing Operations and Human Resources. Englewood Cliffs, New Jersey: Prentice-Hall, 1988.

[178] Lovelock, C. , Wright, L. Principles of Service Marketing and Management, 2nd edition. New Jersey: Prentice - Hall: 2002.

[179] Luomala, H. T. Understanding How Retail Environments Are Perceived: A Conceptualli- zation and a Pilot Study. Distrubution and Consumer Research, 2003, July.

[180] Mackay, M. Maio. Application of Brand Equity Measures in Service Markets. Journal of Services Marketing, 2001, 15 (3).

[181] Maclaran, P., Brown, S. , Stevens, L. The Utopian Imagination: Spatial Play at a Festival Marketplace. European Advances in Consumer Research, 1999, 4.

[182] Madhu Agrawal. Review of a 40-year Debate in International Advertising -Practitioner and Academician Perspectives to the Standardization/Adaptation Issue. International Marketing Review,

1995, 12 (1).

[183] Magnus, S. Customer Satisfaction and Its Consequences on Customer Behavior Revisited. International Journal of Service Industry Management, 1998, 9 (2).

[184] Manrodt, Karl B., Vitasek, Kate. Global Process Standardization: A Case Study. Journal of Business Logistics, 2004, 25 (1).

[185] Marios Theodosiou, Constantine S. Katsikeas. Factors Influencing the Degree of International Pricing Strategy Standardization of Multinational Corporations. Journal of International Marketing, 2001, 9 (3).

[186] Marsh H W, Hau K T. Assessing Goodness of Fit: When Parsimony is Undesirable. Journal of Experimental Education, 1996, 64.

[187] Martinez-Tur, V., Jose M. Peiro. Linking Situational Constraints to Customer Satisfaction in a Service Environment. Applied Psychology: An International review, 2005, 54 (1).

[188] Mayer, K. J., John T. Bowen, Margaret Rmoulton. A Proposed Model of the Descriptors of Service Process. Journal of Services Marketing, 2003, 17 (6).

[189] Mayer, Roger C., James H. Davis, F. David Schoorman. An Integrative Model of Organizational Trust. Academy of Management Review, 1995, 20 (3).

[190] Mayo, E. J. A Model of Motel-Choice. Cornell Hotel and Restaurant Administration Quarterly, 1974, 15 (3).

[191] Mazursky, D., Jacoby, J. Exploring the Development of Store Images. Journal of Retailing, 1986, 62.

[192] McAllister, Daniel J. Affect- and Cognitive-Based Trust

as Foundations for Interpersonal Cooperation in Organizations. Academy of Management Journal, 1995, 38 (1).

[193] McConnell, J. Douglas. Effects of Pricing on Perceptions of Product Quality. Journal of Marketing Research, 1968, 5.

[194] McCullough, W. R. Global Advertising Which Acts Locally: The IBM Subtitles Campaign. Journal of Advertising Research, 1996, 36.

[195] McDonald, C. How Advertising Works: A Review of Current Thinking, NTC Publications, in Association with the Advertising Association, Henley onThames, 1992.

[196] McDonald, Malcollm H. B., de Chernatony, L. and Fiona Harris. Corporate Marketing and Service Brands Moving Beyond the Fast-Moving Consumer Goods Model. European Journal of Marketing, 2001, 35 (3/4).

[197] McDougall, G. H. G., Levesque, T. Customer Satisfaction with Services: Putting Perceived Value into the Equation. Journal of Services Marketing, 2000, 14 (5).

[198] McLeary, K. W., Weaver, P. A. Do Business Travellers Who Belong to Frequent Guest Programs Differ From Those Who Don't Belong?. Hospitality Research Journal, 1992, 15 (3).

[199] McMullan, R., Ilmore, A. The Conceptual Development of Customer Loyalty Measurement: A Proposed Scale. Journal of Targeting, Measurement & Analysis for Marketing, 2003, 11 (3).

[200] Meenaghan, T. The Role of Advertising in Brand Image Development. Journal of Product & Brand management, 1995, 4 (2).

[201] Michell, P., John Reast, James Lynch. Exploring the Foundations of Trust. Journal of Marketing Management, 1998, 14.

[202] Mittal, B., Lassar, W. M. Why Do Customers Switch?

The Dynamics of Satisfaction Versus Loyalty. Jounal of Services Marketing, 1998, 12 (3).

[203] Mittal, V., Kamakura, W. A. Satisfaction, Repurchase Intent, and Repurchase Behavior: Investigating the Moderating Effect of Customer Characteristics. Journal of Marketing Research, 2001, 38 (1).

[204] Mohr, L. A. , Bitner, M. J. The Role of Employee Effort in Satisfaction with Service Transactions. Journal of Business Research, 1995, 32 (3).

[205] Monroe, K. Pricing – Making Profitable Decisions, Mc Graw - Hill, 1991.

[206] Monroe, Kent B, K. Krishnan. The Effect of Price on Subjective Product Evaluations. In: Jacob Jerry C. Olson, eds. Perceived Quality: How Consumers View Stores and Merchandise Lexington, MA: Lexington Books, 1985.

[207] Monroe, Kent B. Buyers' Subjective Perceptions of Price. Journal of Marketing Research, 1973, 10.

[208] Moorman, C., Deshpande. R. , Zaltman, G.. Factors Affecting Trust in Market Research Relationships. Journal of Marketing, 1993, January, 57.

[209] Moorman, C., Zaltman G., Deshpande R. Relationships Between Providers and Users of Market Research: The Dynamics of Trust Within and Between Organizations. Journal of Marketing Research, 1992, 29 (3).

[210] Morgan, Robert M. , Shelby D. Hunt. The Commitment –Trust Theory of Relationship Marketing. Journal of Marketing, 1994, July, 58.

[211] Naumann, E., Creating Customer Value: The Path to

Sustainable Competitive Advantage. Cincinnati, Ohio, USA: Thomson Executive Press, 1994.

[212] Ndubisi, N. O. , Chiew Tung Moi. Responses to Sales Promotion: The Role of Fear of Losing Face. Asia Pacific Journal of Marketing and Logistics, 2005, 17 (1).

[213] Neal, William D. Satisfaction Is Nice, but Value Drives Loyalty. Marketing Research, 1999, 11.

[214] Nguyen, N. , LeBlanc, G. Contact Personnel, Physical Environment and the Perceived Corporate Image of Intangible Services by New Clients. International Journal of Service Industry Management, 2002, 13 (3/4).

[215] Nguyen, N. In Practice the Perceived Image of Service Cooperatives: An Investigation inCanada and Mexico. Corporate Reputation Review, 2006, 9.

[216] Noteboom, Bart. Trust, Opportunism and Govemance: A Process and Control Model. Organization Studies, 1996, 17 (6).

[217] Nowak, Glen J., Joseph Phelps. Conceptualizing the Integrated Marketing Communications' Phenomenon: An Examination of Its Impact on Advertising Practices and Its Implications for Advertising Research. Journal of Current Issues and Research in Advertising, 1994, 16 (1).

[218] O' Cass Aron, Debra Grace. An Extraordinary Perspective of Service Brand Associateions. Journal of Services Marketing, 2003, 17 (5).

[219] O' Malley, L. Can Loyalty Schemes Really Build Loyalty?. Marketing Intelligence & Planning, 1988, 16 (1).

[220] Olins, W. Corporate Identity: Making Business Strategy Visible Through Design. London: Thames and Hudson, 1989.

[221] Oliva, Terrence A., Richard L. Oliver, Ian C. MacMillan. A Catastrophe Model for Developing Service Satisfaction Strategies. Journal of Marketing, 1992, April, 56.

[222] Oliver, R. L. ACognitive Model of the Antecedents and Consequences of Satisfaction Decisions. Journal of Marketing Research, 1980, 27.

[223] Oliver, R. L., DeSarbo, W. S. Response Determinants in Satisfaction Judgments. Journal of Consumer Research, 1988, 14.

[224] Oliver, R. L. Whence Consumer Loyalty?. Journal of Marketing, 1999, 63 (4).

[225] Oliver, R. L., Swan, J. E. Equity and Dissatisfaction Perceptions as Influences on Merchant and Product Satisfaction. Journal of Consumer research, 1989, 16 (3).

[226] Oliver, Richard L. Satisfaction: A Behavioral Perspective on the Consumer. New York: McGraw-Hill, 1997.

[227] Olorunniwo, F., Maxwell K. Hsu, Godwin J. Udo. Service Quality, Customer Satisfyaction, and Behaveioral Intentions in the Service Factory. Journal of Services Marketing, 2006, 20 (1).

[228] Parasuraman, A., Grewal, D. The Impact of Technology on the Quality-Value - Loyalty Chain: A Research Agenda. Journal of the Academy of Marketing Science, 2000, 28 (10).

[229] Parasuraman, A., Valarie A. Zeithaml, Leonard L. Berry. A Conceptual Model of Service Quality and Its Implications for Future Research. Journal of Marketing, 1985, 49.

[230] Parasuraman, A., Valarie A. Zeithaml, Leonard L. Berry. SERVQUAL: A Multiple-item Scale for Measuring Consumer Perceptions of Service Quality. Journal of Retailing, 1988, 64.

[231] Parsons, A. L.. What determines buyer - seller relation-

ship quality? An investigation from the buyer's perspective, Journal of Supply Chain Management, 2002, 38 (2), pp: 4 - 12.

[232] Patterson, P. G., Cicic, M.. A Typology of Serivce Firms in International Markets an Empirical Investigation. Journal of International Marketing, 1995, 3 (4): 57-84.

[233] Peebles, D., Ryans, J., Vernon, I. Coordinating International Advertising, Journal of Marketing, 1978, 42 (1).

[234] Penaloza, L. Just Doing It: A Visual Ethnographic Study of Spectacular Consumption Behaveior at Nike Town.. Consumption, Markets and Culture, 1998, 2 (4).

[235] Pfeffer, J. Competitive Advantage Through People: Unleashing the Power of the Work Force. Boston, MA: Harvard Business School Press, 1994.

[236] Pritchard, M. P., Howard, D. R. The Loyal Traveler: Examining a Typology of Service Patronage. Journal of Travel Research, 1997, 35 (4).

[237] Pritchard, M. P., Havitz, M. E., Howard, D. R. Analyzing the Commitment - Loylty Link in Service Contexts. Journal of the Academy of Marketing Science, 1999, 27 (3).

[238] Raj, S. P. Striking a Balance Between Brand 'Popularity' and Brand Loyalty. Journal of Marketing, 1985, 49 (1).

[239] Ranaweera, C., Jaideep Prabhu. The Influence of Satisfaction, Trust and Switching Barriers on Customer Retention in a Continuous Purchasing Setting. International Journal of Service Industry Management, 2003, 14 (4).

[240] Rao, A. R. andMonroe, K. B. The Effect of Price, Brand Name, and Store Name on Buyer's Perceptions of Product Quality: An Integrative Review. Journal of Marketing Research,

1989, XXVI.

[241] Ravald, A., Gronroos. The Value Concept and Relationship Marketing. European Journal of Marketing, 1996, 30 (2).

[242] Reilly, James C. The Role of Integrated Marketing Communications in Brand Management. The Advertiser, 1991, Fall.

[243] Reimer, Anja, Kuehn, Richard, The Impact of Servicescape on Quality Perception. European Journal of Marketing, 2005, 39 (18).

[244] Russell, J. A. , Pratt, G. A Description of the Affective Quality Attributed to Environments. Journal of Personality and Social Psychology, 1980, 38.

[245] Rust, R. T., Zahorik, A. J., Keiningham, T. L. Return on Quality (ROQ): Making Service Quality Financially Accountable. Journal of Marketing, 1995, 59 (2).

[246] Rynes, S. L. Recruitment, Job Choice, Post-hire Consequences: A Call for New Research Directions. In Dunnette, M. D. and Hough, L. M. eds. Handbook of Industrial and Organizational Psychology, 2nd ed. Palo Alto, CA: Consulting Psychologists Press, 1991.

[247] Schmalensee, Richard. A Model of Advertising and Product Quality. Journal of Political Economy, 1978, 86 (3).

[248] Schneider, B., White, S. S., Paul, M. C. Linking Service Climate and Customer Perceptions of Service Quality: Test of a Causal Model. Journal of Applied Psychology, 1998, 83.

[249] Schuler, M. Management of the Organizational Image: A method for Organizational Image Configuration. Corporate Reputation Review, 2004, 7 (1).

[250] Schultz, Don E., Stanley I. Tannenbaum, Robert F.

Lauterborn. Integrated Marketing Communications: Pulling It Together and Making It Work. Chicago, IL: NTC Business Books, 1993.

[251] Schurr, P. H., Ozanne, J. L. Influences on Exchange Processes: Buyers' Preconceptions of a Seller's Trustworthiness and Bargaining Toughness. Journal of Consumer Research, 1985, 11 (4).

[252] Selnes, F. Antecedents and Consequences of Trust and Satisfaction in Buyer-Seller Relationships. European Journal of Marketing, 1998, 32 (3/4).

[253] Shahin, A., R. Dabestani.. Correlation Analysis of Service Quality Gaps in a Four-star Hotel inIran. International Business Research 3 (3), 2010: 40-46.

[254] Shamdasani, P. N., Balakrishnan, A. A. (2000). Determinants of relationship quality and loyalty in personalized services, Asia Pacific Journal of Management, 2000, 17 (3): 399 - 422.

[255] Shamdasani, P. N., Balakrishnan, A. A. Determinants of Relationship Quality and Loyalty in Personalized Services. Asia Pacific Journal of Management, 2000, 17 (3).

[256] Shelley Neill Baker. Service Fairness: Development and Construct Validation Of A Measure Of Customers' Justice Perceptions: [dissertation]. Ohio: University of Akron, 2003.

[257] Sheth, J. Global Markets or Global Competition. Journal of Consumer Marketing, 1986, 3 (2)

[258] Shostack, G. L. Breaking Free from Product Marketing. Journal of Marketing, 1977, 2.

[259] Shuptrine, F. K., Toyne, B. International Marketing Planning: A Standardised Process. International Marketing Strategy and Planning, 1981.

[260] Siguaw, J. A., Baker, T. L., Simpson, P. M. Prelimi-

nary Evidence on the Composition of Relational Exchange and Its Outcomes: The Distributor Perspective. Journal of Business Research, 2003, 56 (4).

[261] Singh, J., Sirdeshmukh, D. Agency and Trust Mechanisms in Consumer Satisfaction and Loalty Judgments. Journal of theAcademy of Marketing Science, 2000, 28 (1).

[262] Sirdeshmukh, D., Singh, J., Sabol, B. Consumer Trust, Value and Loyalty in Relational Exchanges. Journal of Marketing, 2002, 66 (1).

[263] Sirohi, N., Edward W. Mclaughlin, Dick R. Wittink. A Model of Consumer Perceptions and Store Loyalty Intentions for a Supermarket Retailer. Journal of Retailing, 1998, 74 (2).

[264] Skarlicki, D. P., Folger, R. Retaliation in the Workplace: The Roles of Distributive, Procedural, and Interactional Justice. Journal of Applied Psychology, 1997, 82.

[265] Smith, A. M. Some Problem When Adopting Churchill' s Paradigm for the Development of Service Quality Measure Scales. Journal of Business Research, 1999, 46.

[266] Smith, Amy K., Ruth N. Bolton, Janet Wagner. A Model of Customer Satisfaction with Service Encounters Involving Failure and Rovery. Journal of Marketing Research, 1999, 36 (3).

[267] Solomon, M. Packaging the Service Provider. Service Industries Journal, 1985, July, 5.

[268] Solomon, Michael R., Surprenant, Carol, Czepiel, John A., Gutman, Evelyn G. A Role Theory Perspective on Dydic Interactions: The Service Encounter. Journal of Marketing, 1985, 49 (1).

[269] Soule, Edward. Trust and Managerial Responsibility. Business Ethics Quarterly, 1998, 8 (2).

[270] Spiteri J. M. , P. A. Dion. Customer Value, Overall Satisfaction, End-user Loyalty, and Market Performance in Detail Intensive Industries. Industrial Marketing Management, 2004, 33: 675-687.

[271] Stank, T. P., Goldsby, T. J., Vickery, S. K. Effect of Service Supplier Performance on Satisfaction and Loyalty of Store Managers in the Fast Food Industry. Journal of Operations Management, 1999, 17 (4).

[272] Stayman, D. M., Alden, D. L., Smith, K. H. Some Effects of Schematic Processing on Consumer Expectations and Disconfirmation Judgments. Journal of Consumer Research, 1992, 19.

[273] Steiger J. H. Structure Model Evaluation and Modification: An Interval Estimation Approach. Multivariate Behavioral Research, 1990, 25.

[274] Stephen W. Brown, Teresa A. Swartz. A Dyadic Evaluation of the Professional Services Encounter. Journal of Marketing, 1989, 53.

[275] Sundbo, J. Modulisation of Service Production. Scandinavian Journal of Management, 1994, 10 (3).

[276] Sureshchandar, G. S., Rajendran, C., Anantharaman, R. N. Customer Perceptions of Service Quality in the Banking Sector of a Developing Economy: A Critical Analysis. International Journal of Bank Marketing, 2003, 21 (5).

[277] Surprenant, C. F., Solomon, M. R. Predictability and Personalization in the Service Encounter. Journal of Marketing, 1987, 51.

[278] Szymanski D., Henard D.. Customer Satisfaction: A Meta-Analysis of the Empirical Evidence, Journal of the Academy of

Marketing Science, Vol. 29, No. 1, 2001, pp. 16-35.

[279] Szymanski, D., Henard, D. Customer Satisfaction: A Meta-Analysis of the Empirical Evidence, Journal of the Academy of Marketing Science, 2001, 29 (1).

[280] Tai, S. H. C. , Wong, Y. H. Advertising Decision Making inAsia: Glocal Versus Regional Approach. Journal of Managerial Issues, 1998, 10.

[281] Tam, J. L. M. Customer Satisfaction, Service Quality and Perceived Value: An Integrative Model. Journal of Marketing Management, 2004, 20.

[282] Tam, J. L. M., Y. H. Wong. Interactive Selling: A Dynamic Framework for Services, Journal of Services Marketing, 2001, 15 (5).

[283] Teas, K., Agarwal, S. The Effects of Extrinsic Product Cues on Consumers' Perceptions of Quality, Sacrifice, and Value. Journal of the Academy of Marketing Science, 2000, 28 (2).

[284] Testa, M. R. Organizational Commitment, Job Satisfaction and Effort in the Service Environment. The Journal of Psychology, 2001, 13 (2).

[285] Thibaut, J., Walker, L. A theory of Procedure. California Law Review, 1978, 6.

[286] Tse, A. C. B., Sin, L., Yim, F. H. K. How a Crowded Restaurant Affects Consumers' Attribution Behavior. International Journal of Hospitality Management, 2002, 21 (4).

[287] Tse, D. K., Wilson, P. C. Models of Consumer Satisfaction Formation: An Extension. Journal of Marketing Research, 1988, 25.

[288] Tyler, T. R., Lind, E. A. A Relational Model of Au-

thority in Groups. In: M. P. Zanna, eds. Advances in Experimental Social Psychology: Vol. 25. San Diego, CA: Academic Press, 1992.

[289] Uzzell, D. L. The Myth of Indoor City. Journal of Environmental Psychology, 1995, 15 (3).

[290] Verhage, B. , Dahringer, L. , Cundiff, E. Will a Global Marketing Strategy Work?: An Energy Conservation Perspective. Journal of theAcademy of Marketing Science, 1989, 17 (2).

[291] Wakefield, K. L. , Jeffrey G. Blodgett. The Importance of the Servicescape in Leisure Service Settings. The Journal of Services Marketing, 1994, 8 (3).

[292] WalterVan Waterschollt, Christophe Vander Bulte. The 4P Classification of the Marketing Mix Revisited. Journal of Marketing, 1992, October.

[293] Ward, James J. Product and Promotion Adaptation by European Firms in the U. S. Journal of International Business Studies, 1973, Spring, 4 (1).

[294] Washurn J. H., Plank R. E. Measuring Brand Equity: An Evaluation of A Consumer-based Brand Equity Scale. Journal of Marketing Theory and Practice, 2002, Winter.

[295] Wasserman, D. The Procedural Turn: Social Heuristics and Neutral Values. In: K. F. Rohl &S. Machura, eds. Procedural Justice. Brookfield, VT: Ashgate, 1997.

[296] Westbrook, R. A., Oliver, R. L. The Dimensions of Consumption Emotion Patterns and Consumer Satisfaction. Journal of Consumer Research, 1991, 18 (1).

[297] Wetzels, M., Ruyter, K., Birgelen, M. Marketing Service Relationships: The Role of Commitment. Journal of Business and Industrial Marketing, 1998, 13 (4/5).

[298] Woodruff, Robert B. Customer Value: The Next Source of Competitive Advantage. Journal of theAcademy of Marketing Science, 1997, 25 (2).

[299] Woodside A. G. , Trappey, R. J. Finding out Why Customers Shop at Your Store and Buy Your Brand: Automatic Cognitive Processing Models of Primary Choice. Journal of Advertising Research, 1992, 32.

[300] Yi, Y. A Critical Review of Consumer Satisfaction. In: Zeithaml, V. A. eds. Review of Marketing 1989. Chicago: American Marketing Association, 1990.

[301] Yi-Ching Hsieh, Shu-Ting Hiang. Quality on Relationship Quality in Search-Experience-Credence Services. Total Quality Management, Vol. 15, No. 1, 43-58, January, 2004: 43-58.

[302] Yih-Ming Hsieh, Tien-Hsieh. Enhancement of Service Quality with Job Standardisation. The Service Industries Journal, 2001, 21 (3).

[303] Yip, G. S. Global Strategy······In a World of Nations?. Sloan Management Review, 1989, 31.

[304] Yoo B. , Donthu N. Developing and Validating a Multidimensional Consumer-based Brand Equity Scale. Journal of Business Research, 2001, 52.

[305] Yoo, B. , Donthu N. , Lee S. An Examination of Selected Marketing Mix Elements and Brand Equity. Journal of theAcademy of Marketing Science, 2000, 28 (2).

[306] Yoon, M. H. , Beatty, S. E. , Suh, J. The Effect of Work Climate on Critical Employee and Customer Outcomes: An Employee-level Analysis. International Journal of Service Industry Management, 2001, 12 (5).

[307] Yoon, M. H., Fai Hyun Seo, Tae Seog Yoon. Effects of Contact Employee Supports on Critical Employee Responses and Customer Service Evaluateon. Journal of Services Marketing, 2004, 18 (5).

[308] Yu ping Liu, Rong Yang. Competing Loyalty Programs: Impact of Market Saturation, Market Share, and Category Expandability. Journal of Marketing, 2009, 73 (January), 109 - 121.

[309] Zajonc, R. B. Attutydubak Effects of Mere Exposure. Journal of Personality and Social Psychology (Monograph Suppl., Pt. 2), 1968.

[310] Zeithaml V. A., Parasuraman A. andBerry L. L. Problems and Strategies in Services Marketing. Journal of Marketing, 1985, 49.

[311] Zeithaml, V. A. Consumer Perceptions of Price, Qulity, and Value: A Means- End Model and Synthesis of Evidence. Journal of Marketing, 1988, July, 52.

[312] Zeithaml, V. A., Mary Jo Bitner. Services Marketing: Integrating Customer Focus Across the Firm, 3nd Ed. New York: McGraw-Hill, 2003.

[313] Zeithaml, V. A., Berry, L. L. , Parasuraman, A. The Nature and Determinants of Customer Expectations of Services. Journal of the Academy of Marketing Science, 1993, 21.

[314] Zeithaml, V. A., Berry, L. L., Parasuraman, A. The Behavioral Consequences of Service Quality, Journal of Marketing, 1996, 60 (2).

[315] Zeithaml, V. A., Mary Jo Bitner. Service Marketing: Integrating Customer Focus Across the Firm. 2nd ed. McGraw-Hill Education, 2000.

［316］Zou, S., S. Tamer Cavusgil. The GMS: A Broad Conceptualization of Global Marketing Strategy and Its Effect on Firm Performance. Journal of Marketing, 2002, October.

［317］陈明亮. 客户忠诚决定因素实证研究［J］. 管理科学学报, 2003（5）.

［318］范秀成, 罗海成. 基于顾客感知价值的服务企业竞争力探析［J］. 南开管理评论, 2003（6）.

［319］范秀成, 张彤宇. 顾客参与对服务企业绩效的影响［J］. 当代财经, 2004（8）.

［320］范秀成, 郑秋莹, 姚唐, 等. 顾客满意带来什么忠诚?［J］. 管理世界, 2009（2）: 83-91.

［321］菲利普·科特勒. 营销管理——分析、计划、执行和控制［M］. 9版. 梅汝和, 梅清豪, 张桁, 译. 上海: 上海人民出版社, 1999.

［322］郭志刚. 社会统计分析方法——SPSS 软件应用［M］. 北京: 中国人民大学出版社, 1999.

［323］侯杰泰, 温忠麟, 成子娟. 结构方程模型及其应用［M］. 北京: 教育科学出版社, 2004.

［324］胡彦蓉, 刘洪久, 吴冲. 大学生运动服装品牌忠诚度影响因素的灰色关联度分析［J］. 中国管理科学, 2013（11）: 31-37.

［325］黄芳铭. 结构方程模式理论与应用［M］. 北京: 中国税务出版社, 2005.

［326］蒋廉雄, 卢泰宏, 形象创造价值吗?——服务品牌形象对顾客价值—满意—忠诚关系的影响［J］. 管理世界, 2006（4）.

［327］李纯青, 赵平, 马军平. 零售业回报计划感知价值对客户忠诚的影响［J］. 管理科学学报, 2007（8）: 90-96.

［328］李建州. 基于顾客体验的服务品牌权益研究［D］. 天津：南开大学, 2006.

［329］陆娟, 芦艳, 娄迎春. 服务忠诚及其驱动因素：基于银行业的实证研究［J］. 管理世界, 2006（8）：94-103.

［330］陆娟. 服务忠诚驱动因素与驱动机理［J］. 管理世界, 2005（6）：107-114.

［331］罗海成. 基于心理契约的服务忠诚决定因素整合研究［D］. 天津：南开大学, 2005.

［332］牛全保. 国际服务营销组合（9Ps）的标准化和差异化探讨［J］. 经济经纬, 2004（5）.

［333］邱浩政. 结构方程模式：LISREL 的理论、技术与应用［M］. 台湾：双叶书廊有限公司, 2003.

［334］陶晓波. 零售行业捆绑销售策略对顾客忠诚影响实证研究［J］. 北京工商大学学报：社会科学版, 2011（3）：12-18.

［335］汪纯孝, 韩小芸, 温碧燕. 顾客满意感与忠诚感关系的实证研究［J］. 南开管理评论, 2003（4）.

［336］汪旭晖, 张其林. 商店形象契合对传统零售商线上顾客忠诚的影响研究［J］. 商业经济与管理, 2013（9）：111-119.

［337］王霞, 赵平. 耐用消费品行业顾客满意对顾客忠诚的影响研究［J］. 北京工商大学学报：社会科学版, 2003（11）.

［338］谢春昌. 服务营销组合标准化对服务忠诚的影响研究［M］. 成都：西南财经大学出版社, 2013.

［339］徐茵, 王高, 赵平. 质量属性变化对满意与忠诚关系的调节作用［J］. 南开管理评论, 2013（4）：114-123.

［340］张彤宇. 基于顾客感知的服务营销组合与服务品牌权益研究［D］. 天津：南开大学, 2005.

［341］张中科, 谢春昌. 口碑传播对消费者品牌转换的影响研究［M］. 北京：中国经济出版社, 2012.

附　录

附1　搜寻式服务感知的顾客调查问卷
（无记名）

尊敬的先生/女士：

　　您好！这是重庆工商大学一项课题研究的调查。本问卷是无记名的，只用于学术研究，回答没有对错之分，您的真实感受就是最好的答案。您的帮助对本研究具有重要价值，谢谢您的支持！

　　重庆工商大学市场营销系　服务忠诚课题组

　　请回想一下，您印象最深刻的商店售卖服务（包括各种超市、百货商店等的服务），根据您对这个商店的印象和消费时的感受作出回答。

　　右边的数字1~7表示您对左边所讲述的内容的同意程度，数字越大，表示您越同意，数字越小，表示您越不同意。其中，1表示很不同意，2表示不同意，3表示有点不同意，4表示中立，5表示有点同意，6表示同意，7表示很同意。请在您选择的数字上打"√"。

您在下面所提及的服务是_____。

一、请看以下阐述是否与您的感受相符合：	很不同意			中立			很同意
INA1：这家店的服务是到位的。	1	2	3	4	5	6	7
INA2：这家店的服务是及时的。	1	2	3	4	5	6	7
INA3：这家店的服务是准确的。	1	2	3	4	5	6	7
INA4：这家店的服务态度好。	1	2	3	4	5	6	7
INA5：这家店的服务用语得当。	1	2	3	4	5	6	7
PY1：这店的装潢看起来顺眼。	1	2	3	4	5	6	7
PY2：这店的服务氛围好。	1	2	3	4	5	6	7
PY3：这店的服务环境整洁。	1	2	3	4	5	6	7
PY4：这店的陈设具有人性化。	1	2	3	4	5	6	7
PY5：这店的标识明确。	1	2	3	4	5	6	7
PU1：这店产品质量能满足我的需求。	1	2	3	4	5	6	7
PU2：这店的产品品种丰富。	1	2	3	4	5	6	7
PU3：这店的产品包装好。	1	2	3	4	5	6	7
PU4：这店的产品价格适中。	1	2	3	4	5	6	7
二、请根据您对所消费的服务的总体感受来判断：	很不同意			中立			很同意
SQ1：与其他同档次的店相比，该店的总体质量比较高。	1	2	3	4	5	6	7
SQ2：该店的总体质量值得信赖。	1	2	3	4	5	6	7

SQ3：该店能为我提供应有质量的服务。	1	2	3	4	5	6	7
PV1：在这个店消费是物有所值的。	1	2	3	4	5	6	7
PV2：总体来说，相比我在这个店所得到的利益，其价格是可以接受的。	1	2	3	4	5	6	7
PV3：相比之下，我觉得在这个店消费挺划算。	1	2	3	4	5	6	7
PV4：在这个店消费，我能达到我的消费目的。	1	2	3	4	5	6	7
CS1：我对该店总体上感觉满意。	1	2	3	4	5	6	7
CS2：我觉得来该店企业消费是明智的。	1	2	3	4	5	6	7
CS3：我感觉在该店消费是愉快的。	1	2	3	4	5	6	7
CTC1：我相信该店的服务能力。	1	2	3	4	5	6	7
CTC2：我相信，该店的良好服务能得到长期保持。	1	2	3	4	5	6	7
CTB1：有时，我觉得该店会有意以次充好（R）。	1	2	3	4	5	6	7
CTB2：我觉得该店基本上是诚实的。	1	2	3	4	5	6	7
CTB3：我觉得该店能为顾客着想。	1	2	3	4	5	6	7
LOY1：我会向我的亲戚朋友们推荐该店。	1	2	3	4	5	6	7
LOY2：我喜欢该店。	1	2	3	4	5	6	7
LOY3：我喜欢谈论到该店。	1	2	3	4	5	6	7
LOY4：我觉得自己对该店是忠诚的。	1	2	3	4	5	6	7
LOY5：我关心该店。	1	2	3	4	5	6	7
LOY6：我有相关的消费需求时会去该店。	1	2	3	4	5	6	7

三、个人信息（这个信息不记名，数据仅供学术研究之用，我们也将绝对保密）

1. 您的性别： □男 □女

2. 您的年龄： □20 岁以下 □20~29 岁 □30~39 岁
   □40~49 岁 □50~59 岁 □60 岁以上

3. 您的受教育程度：□小学以下 □初中 □高中或中专
   □大专 □本科 □硕士及以上

4. 您全家的每月收入：□2 千元以下 □2001~4000 元
   □4001~6000 元 □6001~8000 元
   □8001~10000 元 □10001 元以上

再次感谢您的支持！

附2 体验式服务感知的顾客调查问卷 （无记名）

尊敬的先生/女士：

您好！这是重庆工商大学一项课题研究的调查。本问卷是无记名的，只用于学术研究，回答没有对错之分，您的真实感受就是最好的答案。您的帮助对本研究具有重要价值，谢谢您的支持！

重庆工商大学市场营销系 服务忠诚课题组

请回想一下，您所体验到的印象最深刻的服务（包括各种旅游景点的服务等），根据您对该服务的印象和消费时的感受作出回答。

右边的数字 1~7 表示您对左边所讲述的内容的同意程度，

数字越大，表示您越同意，数字越小，表示您越不同意。其中，1 表示很不同意，2 表示不同意，3 表示有点不同意，4 表示中立，5 表示有点同意，6 表示同意，7 表示很同意。请在您选择的数字上打"√"。

您在下面所提及的服务是_____。

一、请看以下阐述是否与您的感受相符合：	很不同意			中立			很同意
INA1：服务是到位的。	1	2	3	4	5	6	7
INA2：服务是及时的。	1	2	3	4	5	6	7
INA3：服务是准确的。	1	2	3	4	5	6	7
INA4：服务人员的服务态度好。	1	2	3	4	5	6	7
INA5：服务人员的服务用语得当。							
PY1：该服务企业的环境看起来顺眼。	1	2	3	4	5	6	7
PY2：该服务企业的服务氛围好。	1	2	3	4	5	6	7
PY3：该服务企业的服务环境整洁。	1	2	3	4	5	6	7
PY4：环境布置得具有人性化。	1	2	3	4	5	6	7
PY5：该服务企业的标识明确。	1	2	3	4	5	6	7
PU1：该服务企业的服务项目的质量能满足我的需求。	1	2	3	4	5	6	7
PU2：该服务企业的服务项目品种丰富。	1	2	3	4	5	6	7
PU3：该服务企业的服务项目包装好。	1	2	3	4	5	6	7
PU4：该服务企业的服务项目价格适中。	1	2	3	4	5	6	7
二、请根据您对所消费的服务的总体感受来判断：	很不同意			中立			很同意
SQ1：与其他同档次的服务企业相比，该企业的总体质量比较高。	1	2	3	4	5	6	7

SQ2：该企业的总体质量值得信赖。	1	2	3	4	5	6	7
SQ3：该企业能为我提供应有质量的服务。							
PV1：在这个企业消费是物有所值的。	1	2	3	4	5	6	7
PV2：总体来说，相比我在这个企业所得到的利益，其价格是可以接受的。	1	2	3	4	5	6	7
PV3：相比之下，我觉得在这个企业消费挺划算。	1	2	3	4	5	6	7
PV4：在该企业消费，我能达到我的消费目的。	1	2	3	4	5	6	7
CS1：我对该企业总体上感觉满意。	1	2	3	4	5	6	7
CS2：我觉得来该店消费是明智的。	1	2	3	4	5	6	7
CS3：我感觉在该企业消费是愉快的。	1	2	3	4	5	6	7
CTC1：我相信该企业的服务能力。	1	2	3	4	5	6	7
CTC2：我相信，该企业的良好服务能得到长期保持。	1	2	3	4	5	6	7
CTB1：有时，我觉得该企业会有意以次充好（R）。	1	2	3	4	5	6	7
CTB2：我觉得该企业基本上是诚实的。	1	2	3	4	5	6	7
CTB3：我觉得该企业能为顾客着想。	1	2	3	4	5	6	7
LOY1：我会向我的亲戚朋友们推荐该企业。	1	2	3	4	5	6	7
LOY2：我喜欢该企业。	1	2	3	4	5	6	7
LOY3：我喜欢谈论到该企业。	1	2	3	4	5	6	7
LOY4：我觉得自己对该企业是忠诚的。	1	2	3	4	5	6	7
LOY5：我关心该企业。	1	2	3	4	5	6	7
LOY6：我有相关的消费需求时会去该企业消费。	1	2	3	4	5	6	7

三、个人信息（这个信息不记名，数据仅供学术研究之用，我们也将绝对保密）

1. 您的性别：□男　□女

2. 您的年龄：□20岁以下　□20~29岁　□30~39岁
　　　　　　　□40~49岁　□50~59岁　□60岁以上

3. 您的受教育程度：□小学以下　□初中　□高中或中专
　　　　　　　　　　□大专　□本科　□硕士及以上

4、您全家的每月收入：□2千元以下　□2001~4000元
　　　　　　　　　　　□4001~6000元　□6001~8000元
　　　　　　　　　　　□8001~10000元　□10001元以上

再次感谢您的支持！

附3　信任式服务感知的顾客调查问卷（无记名）

尊敬的先生/女士：

　　您好！这是重庆工商大学一项课题研究的调查。本问卷是无记名的，只用于学术研究，回答没有对错之分，您的真实感受就是最好的答案。您的帮助对本研究具有重要价值，谢谢您的支持！

重庆工商大学市场营销系 服务忠诚课题组

　　请回想一下，您所体验到的印象最深刻的服务（例如医院的服务），根据您对该服务的印象和消费时的感受作出回答。

　　右边的数字1~7表示您对左边所讲述的内容的同意程度，数字越大，表示您越同意，数字越小，表示您越不同意。其中，1表示很不同意，2表示不同意，3表示有点不同意，4表示中

立，5 表示有点同意，6 表示同意，7 表示很同意。请在您选择的数字上打"√"。

您在下面所提及的服务是＿＿＿＿＿＿＿＿＿＿＿＿＿＿＿＿＿。

一、请看以下阐述是否与您的感受相符合：	很不同意			中立			很同意
INA1：服务是到位的。	1	2	3	4	5	6	7
INA2：服务是及时的。	1	2	3	4	5	6	7
INA3：服务是准确的。	1	2	3	4	5	6	7
INA4：服务人员的服务态度好。	1	2	3	4	5	6	7
INA5：服务人员的服务用语得当。							
PY1：该服务单位的装潢看起来符合其服务性质的要求。	1	2	3	4	5	6	7
PY2：该服务单位的服务氛围好。	1	2	3	4	5	6	7
PY3：该服务单位的服务环境整洁。	1	2	3	4	5	6	7
PY4：这家服务单位的服务设备看起来不错。	1	2	3	4	5	6	7
PY5：该服务单位的标识明确。	1	2	3	4	5	6	7
WOM1：向我传播该服务单位信息的人是可靠的。	1	2	3	4	5	6	7
WOM2：向我传播该服务单位信息的人是具有公正心的。	1	2	3	4	5	6	7
WOM3：我所接受的消费建议无大的风险。	1	2	3	4	5	6	7

二、请根据您对所消费的服务的总体感受来判断：	很不同意			中立			很同意
SQ1：与其他同档次的服务单位相比，该服务单位的总体质量比较高。	1	2	3	4	5	6	7
SQ2：该服务单位的总体质量值得信赖。	1	2	3	4	5	6	7
SQ3：该服务单位能为我提供应有质量的服务。							
PV1：在这个服务单位消费是物有所值的。	1	2	3	4	5	6	7
PV2：总体来说，相比我在这个服务单位所得到的利益，其价格是可以接受的。	1	2	3	4	5	6	7
PV3：相比之下，我觉得在这个服务单位消费挺划算。	1	2	3	4	5	6	7
PV4：在该服务单位消费，我能达到我的消费目的。	1	2	3	4	5	6	7
CS1：我对该服务单位总体上感觉满意。	1	2	3	4	5	6	7
CS2：我觉得来该服务单位消费是明智的。	1	2	3	4	5	6	7
CS3：我感觉在该服务单位消费是愉快的。	1	2	3	4	5	6	7
CTC1：我相信该服务单位的服务能力。	1	2	3	4	5	6	7
CTC2：我相信，该服务单位的良好服务能得到长期保持。	1	2	3	4	5	6	7
CTC3：我信赖这个服务单位所做的承诺。	1	2	3	4	5	6	7
CTB1：有时，我觉得该服务单位会有意欺骗顾客（R）。	1	2	3	4	5	6	7
CTB2：我觉得该服务单位基本上是诚实的。	1	2	3	4	5	6	7
CTB3：我觉得该服务单位能为顾客着想。	1	2	3	4	5	6	7

二、请根据您对所消费的服务的总体感受来判断：	很不同意			中立			很同意
LOY1：我会向我的亲戚朋友们推荐该服务单位。	1	2	3	4	5	6	7
LOY2：我喜欢该服务单位。	1	2	3	4	5	6	7
LOY3：我喜欢谈论到该服务单位。	1	2	3	4	5	6	7
LOY4：我觉得自己对该服务单位是忠诚的。	1	2	3	4	5	6	7
LOY5：我关心该服务单位。	1	2	3	4	5	6	7
LOY6：我有相关需求时会去找该服务单位获取相关服务。	1	2	3	4	5	6	7

三、个人信息（这个信息不记名，数据仅供学术研究之用，我们也将绝对保密）

1. 您的性别：　□男　□女

2. 您的年龄：　□20 岁以下　□20~29 岁　□30~39 岁

□40~49 岁　□50~59 岁　□60 岁以上

3、您的受教育程度：□小学以下　□初中　□高中或中专

□大专　□本科　□硕士及以上

4、您全家的每月收入：□2 千元以下　□2001~4000 元

□4001~6000 元　□6001~8000 元

□8001~10000 元　□10001 元以上

再次感谢您的支持！